Paris

http ://www.laboiteapandore.fr

La Boîte à Pandore est sur Facebook. Venez dialoguer avec nos auteurs, visionner leurs vidéos et partager vos impressions de lecture.

ISBN : 978-2-87557-489-3 – EAN : 9782875574893

Dépôt légal : D/2021/11906/23

Karine Labbé

Aventures et mésaventures d'une commerciale

1.

Moi, commerciale ?

Commerciale, profession de foi. C'est plus une manière d'être et d'assumer ce que nous sommes qu'un métier. Une quinzaine d'années de ma vie à côtoyer les commerçants pour leur vendre une solution d'encaissement pour leur magasin, des séquences de vie, des anecdotes sortant du réel provoquant la joie de mon entourage lorsqu'il m'arrive de les raconter.

« Mais qu'attends-tu pour écrire un livre ? » Combien de fois l'ai-je entendue cette question ? Un satané virus ambiant m'a mise au chômage technique, en confinement. Les aléas du direct ! L'inactivité est l'ennemie jurée du commercial. Comme un comédien qui répète et répète son texte avant la représentation, je me dois d'entretenir mon élocution, entraîner mon esprit à la répartie, sous peine de ne plus maîtriser le fil conducteur de mon argumentaire, mon seul et unique outil de travail. Et si le moment était enfin venu de l'écrire ce livre, de partager avec vous l'instant de vie d'une commerciale ?

Chaque jour est une vie, dans ce métier. On ne connaît pas la routine. On invente, on innove, on joue un rôle et on partage l'espace d'un instant le quotidien de nos clients. Je les ai tous rencontrés, les taciturnes, les joyeux, les séducteurs, les heureux, les malheureux, les complexés et j'ai bien aujourd'hui l'intention de vous les présenter, de partager avec vous la vie d'une commerciale pas comme les autres, qui a fait ce qu'elle a pu avec ce qu'elle avait ! Tout commence pour moi par une annonce d'offre d'emploi mal libellée par la société Retail Log.

Éditeur de Logiciels commerces détail recherche Responsable magasin pour la commercialisation de ses produits. Expérience exigée.

Je me présente pour un poste responsable magasin et me vois nommée d'office pour de la prospection terrain auprès des commerces de détail. Retail Log recherche bien finalement une commerciale. Je n'ai absolument aucune expérience dans ce type de métier, mais un large passé de commerçante qui me faisait accueillir les clients plutôt que d'aller les chercher. J'ai à vendre un système d'encaissement, vous savez, le bip bip qui accompagne votre acte d'achat dans votre magasin préféré ? Eh bien c'est ça ! Ce type d'installation commence à se propager dans toutes les boutiques de quartier au début des années 2000. Plus une minute à perdre, il y a de la demande et Retail Log maîtrise parfaitement l'offre. La seule technique qui marche, c'est de marcher si j'ose dire, arpenter le bitume pour aller à la rencontre du commerçant sur place, lui rendre visite. On donne le nom de prospection terrain à cette technique de vente, enfin, ça, c'est la jolie formule employée, car il s'agit bel et bien de porte-à-porte, qui en a rebuté plus d'un, tant la démarche est difficile. Intervenir comme ça chez une personne jusqu'alors inconnue pour lui vendre un produit, et tenir le plus de temps possible dans le déroulement de l'entretien, c'est du rodéo !

J'apprends le métier sur le tas, car il n'y a pas de règle ni de formation pour cette profession. On la pratique au feeling, à l'instinct.

Combien d'histoires d'amitié se sont nouées, de confidences sur le bon de commande ? Je les aime mes clients. Ils ont chargé mon esprit de telles doses émotionnelles quotidiennes. Chacun avec sa différence, son histoire, son caractère, son vécu, a su forger les qualités de commerciale que j'ai développées à leur contact.

Plaquettes commerciales dans les mains, on me pousse gentiment, mais fermement vers la porte de sortie, pour la chasse aux bons de commande... Il va falloir marcher, beaucoup marcher, pour démarcher !

J'aime être attendue, moi, pas forcer une porte et imposer ma présence. Ce n'est pas du tout la même approche. Je me dis que je me donne le temps de cette première tournée pour savoir si, oui ou non, je me sens prête à en faire mon métier. Là tout de suite comme je le pense, ce n'est pas encore gagné.

Ma première prospection se passe bien. J'ai bien noté la petite rivalité légendaire entre commerçants et j'en joue. Il me suffit de citer un concurrent de la rue qui a mis en place depuis longtemps déjà le système d'encaissement pour que le prospect me presse de questions et me demande de le rappeler rapidement pour programmer un rendez-vous de démonstration du logiciel.

Mes tournées clientèle me permettent pour l'instant de constituer un fichier de prospects qualifiés que je rappellerai pour le suivi commercial.

Paradoxal système dans lequel, tout en restant naturelle, je ne dois quand même pas perdre de vue que le seul objectif reste bel et bien la vente. Je décide très vite de susciter le besoin, plutôt que de pousser avec force un produit à la vente. Mon expérience de commerçante dans le prêt-à-porter pendant de nombreuses années va me servir, et grâce à elle, j'adopte le comportement du commercial que j'aurais accepté de recevoir, d'écouter et, pourquoi pas, même de suivre dans l'acte de vente. Tout devient alors facile et ça marche. Le meilleur accueil me sera toujours réservé dans les boutiques visitées.

Au bureau, pour l'instant, c'est le branle-bas de combat. Le salon du prêt-à-porter arrive à grands pas.

— Ah bon, on ne t'avait pas prévenue ? Bon, rappelle-moi de t'en parler.

On ne m'explique rien du tout et on me pousse dans le grand bain, alors que je sais à peine nager.

2.

Le salon du prêt-à-porter

Le salon du prêt-à-porter est un des évènements professionnels les plus importants pour exposer, apparaître auprès de nos concurrents, effectuer des démonstrations du logiciel, nouer des contacts et remplir notre fichier prospect que nous travaillerons toute l'année.

Je suis embauchée depuis deux mois et je dois déjà passer ce baptême du feu. Je ne me sens pas encore assez prête pour assurer cette cadence effrénée de prise de contacts, de rencontres.

Le salon nous épuise, nous sommes debout toute la journée, sans même prendre le temps de déjeuner, mais l'excitation est à son comble. Tout est trop : le son des haut-parleurs poussé à l'extrême, l'effervescence bouillonnante entre les allées, les accolades bruyantes des commerçants qui se retrouvent, l'éclairage brutal et agressif des spots, la chaleur et les clients qui se massent tous en même temps devant notre stand, marquant leur impatience de n'être pas assez vite renseignés…

Marie-Jo

En tant que novice, j'ai à subir les affres du directeur commercial, Simon, un tantinet macho, qui intervient en plein milieu de mes tentatives d'approche, me donnant des consignes à haute voix pour, finalement, récupérer les clients que j'ai su intéresser. Je chasse pour lui, il a juste à signer les bons de commande.

C'est mal me connaître. À un moment, lorsque la limite de ma patience est atteinte, le clapet sécurité saute et je ne réponds plus de moi. À sa énième tentative de détournement, je m'impose, lui réponds un peu sèchement et conserve mes clients. Le message est sans doute bien passé, puisqu'à partir de ce jour, il tente, mais se ravise très vite.

Une petite dame s'approche de notre stand, visiblement intéressée par notre logiciel d'encaissement. Elle est craintive et très impressionnée par le matériel de vente. Elle voudrait, mais ne sait pas, se demande, et c'est là que j'interviens :

— Bonjour, vous voulez un petit renseignement, peut-être ?

— Oui, mais c'est trop imposant, j'ai une toute petite boutique, je ne sais pas si j'en ai vraiment besoin.

— Le « vraiment » prouve que vous vous interrogez. Je vous montre, vous informe et, à ce moment seulement, vous aurez la réponse à la question.

J'effectue ma première démonstration pour Marie-Jo. Je suis toute à elle, hermétique à ce qui se passe autour de moi, le bruit, la musique poussée au plus haut volume, les allées et venues. Elle me parle de sa vie, de son magasin. On échange, et la magie opère. Elle est convaincue et signe mon premier bon de commande. Mieux : elle me remercie, quitte le stand avec un petit geste de la main amical et un grand sourire. Je suis dans un état d'excitation indescriptible. J'aime ce métier, ce rapprochement avec les commerçants et, surtout, je me rends compte qu'en restant naturelle, vraie, ça marche.

Je découvre dans le même temps la rivalité entre les commerciaux. Les signatures de bons de commande ne rendent heureux que celui qui les valide. C'est la règle. L'équipe commerciale Retail Log est composée de Laurent, le gérant, Simon, directeur commercial, Jean-Michel et moi, les derniers arrivés dans le service.

Jean-Michel, c'est la décontraction même, jusque dans son choix vestimentaire. Il affectionne les tenues colorées, les chemises hawaïennes et arbore le look tropical au milieu des commerciaux misant tout sur le pantalon noir et la chemise blanche. Il a sa propre pratique des techniques commerciales. Il parle, rit, jamais contrarié par une vente qui lui échappe. Il affiche un naturel déconcertant au milieu des commerciaux parés en mode mercenaire. On pourrait penser qu'il pratique en dilettante, mais pas du tout, c'est juste sa technique bien à lui. Je suis chasseur, il est pêcheur.

Il fait les cent pas sur le stand, tournant le dos aux prospects qui, certes, ne font que passer, mais réceptifs quand même à une accroche commerciale sympathique. Non, lui, ce n'est pas son truc. Pour lui, c'est le client intéressé qui doit demander. Ô combien il se trompe ! Que de fois ai-je essayé de l'en convaincre. Peine perdue.

Véronique de la Guadeloupe

Je la vois tout de suite se diriger vers notre stand, accompagnée par qui je pense être son conjoint, mais qui se révèle être son fils. Elle vient vers moi, échappant au banc de squales des commerciaux du stand prêts à foncer sur elle.

— Bonjour, nous avons 3 magasins sur la Guadeloupe et avons besoin d'un système d'encaissement.

D'emblée, elle me vend du rêve : la Guadeloupe et l'éventualité d'un bon de commande pour plusieurs boutiques.

L'observation est un sens aigu que j'ai appris à développer. Tout l'argumentaire commercial dépend de la psychologie de l'interlocuteur. J'ai affaire à une femme chef d'entreprise qui sait ce qu'elle veut, qui sera attentive à chacun de mes mots.

J'emploie le ton de la commerciale aguerrie, experte, qui propose la solution à son problème.

Je parle, je démontre, l'interroge, intéresse à la conversation son accompagnateur, car c'est la base : ne jamais sous-estimer l'entourage. On apprend très vite à ressentir le tour que va prendre une démonstration. Il faut agir vite, en donnant la sensation de prendre son temps.

Véronique me félicite pour mes explications, me complimente sur ma tenue du jour et prononce pour la première fois l'adjectif qui me colle encore aujourd'hui à la peau, que j'ai entendu maintes et maintes fois : atypique.

— Vraiment, ça fait du bien d'être renseignée par une professionnelle qui informe avant de vouloir vendre et, en plus, vous avez beaucoup d'humour. Franchement, ça change ! Vous êtes atypique, vous !

Je le sens bien le regard de Simon, drapé dans son statut d'intouchable directeur commercial, qui n'a pas joué du bon de commande de la journée et qui ne peut admettre que moi, la petite commerciale fraîchement embauchée, valide sous son nez une vente pour trois magasins. Il doit faire toutes les prières pour que ça ne marche pas. Il va et vient derrière moi. C'est petit un stand, on est les uns sur les autres.

Alors il bouge, passe devant moi pour attraper un gobelet, bouge un tabouret au moment où je prie la cliente de s'asseoir. Le regard laser que je lui lance le transforme immédiatement en statue de sel.

La cliente est conquise, et je prends de plus en plus d'assurance.

— Vous allez bien nous faire une petite remise ?

— Bien sûr, les 10 % Bonus Salon.

— Oui, mais c'est pour trois magasins, vos concurrents m'ont tous proposé 20 %.

> Cette partie de la vente, qu'on appelle la négociation, est la plus épineuse. C'est même celle qui permet de juger la qualité d'un bon commercial. Terrain miné.

— Ah bon ? Pourquoi font-ils cette Remise Plus ?

— Ben, je ne sais pas, ils veulent vendre sans doute, me dit-elle en riant !

— Elle est là toute la différence. Je ne me livre pas à une bataille du prix plus bas que bas pour vendre moi, chacun sa technique ! Il s'agit de votre outil de travail, celui que vous allez utiliser au quotidien, qui doit correspondre à vos besoins et c'est bien l'essentiel. Visez plutôt le rapport qualité-prix, pour assurer l'achat confiance ! Et c'est de bon cœur que je vous appliquerai la Remise Salon pour avoir le plaisir de vous voir rejoindre notre clientèle, avec pour seul objectif, votre satisfaction pleine et entière.

J'ai une façon de procéder qui est mienne et qui marche. Plutôt que de me jeter dans la lutte du prix plus bas que bas, je force l'attention du client à se poser sur le rapport qualité-prix, j'insiste sur l'ancienneté de Retail Log, son expérience, son expertise, ses prestations de service. Je joue ainsi sur le terrain de la confiance !

Le mot magique est lancé.

Je suis la seule dans notre équipe commerciale à procéder de la sorte. Les autres tombent dans la facilité de la remise, le client prend le dessus et, puisque ça marche, continue de négocier à la baisse un prix qui ne peut plus être réduit. Le combat cesse alors, faute de combattant. Situation de blocage. Je ne m'engage jamais dans la surenchère des rabais.

Elle sourit et je comprends que c'est gagné ! Elle signe le bon de commande comme s'il s'agissait d'une simple formalité, me remet le chèque de règlement, et s'attarde sur le stand. C'est le moment que je préfère dans la négociation, l'après. On laisse s'exprimer toute la sympathie qu'on a pu ressentir au cours de l'échange commercial pour lui donner un ton amical. Elle s'apprête à quitter le stand et m'invite à lui rendre une petite visite lors d'un prochain voyage en Guadeloupe. C'est une copine qui quitte mon stand alors que je ne la connaissais pas une heure avant.

Bernard, le client belge

Juste en face de notre stand se trouve celui d'un géant du logiciel, un espace futuriste qui fait le triple du nôtre, une mise en scène pour la démonstration de leur programme sur rétroprojecteur, une équipe dynamique portant un T-shirt noir avec le logo de l'entreprise, des écrans lumineux, un appel aux bons de commande sous notre nez !

On fait figure d'échoppe, à côté de cet Attila du salon, et pourtant un prospect s'en éloigne.

— Celui-là, il est pour moi !

Je le fixe, en essayant d'attirer son regard de manière subtile sur notre stand, je vais, je viens, je fais du mouvement, et… et il se dirige vers moi !

— Bonjour Monsieur, puis je vous renseigner ?

— Oui, volontiers ! J'ai cinq magasins en Belgique et cherche un système performant d'encaissement.

— Vous êtes au bon endroit ! (Sourire engageant)

Et là, tout s'enchaîne. Je lui pose des questions, j'effectue la démo, l'invite à s'asseoir, parle, l'écoute, sous l'œil noir du directeur commercial qui aurait bien voulu s'en occuper.

— Votre système a l'air pas mal, je repasse tout à l'heure avec mon épouse pour que vous lui fassiez une petite présentation.

Et il s'en va. Patatras ! Sourire type rictus des commerciaux sur le stand. On la connaît l'excuse du « Je repasse », comme une fin de non-recevoir aimable et pourtant, un sentiment de happy end ne me quitte pas : j'y crois.

La journée avance et toujours pas de retour de mon client belge. J'ai droit au cours magistral du directeur commercial, Simon, qui m'explique avec de grands gestes que c'est courant, que ce n'est pas grave, que j'ai déjà beaucoup signé de bons de commande ; j'attends presque qu'il me demande d'en laisser un peu pour les autres.

Et voilà Bernard, avec son épouse, qui revient. Simon frôle le malaise vagal.

— Comme convenu, nous revoici pour une nouvelle présentation du logiciel, si ça ne vous dérange pas.

Tu parles que ça ne me dérange pas ! Et là, je donne TOUT !

Arrive le sacro-saint moment de la négociation autour d'un devis qui fait tourner la tête. Il va l'étudier sitôt de retour chez lui.

— Écoutez, nous sommes dimanche, nous rentrons ce soir chez nous, je vous appellerai demain pour que vous me fassiez part du prix total de la solution pour nos cinq magasins, tenant compte de la remise que vous êtes prête à nous consentir. Je tiens à vous prévenir que nous ne négocierons pas, nous prendrons ou nous laisserons.

— Nous avons retenu trois solutions sur le salon, dont la vôtre.

Merci et au revoir. Poignée de main. Et aussitôt évanouis, dans le flot des visiteurs salon. Je suis scotchée sur ma chaise. Il y a encore tant à faire.

Je fais tourner les chiffres : en lâcher un peu, pas trop, mais c'est quoi un peu, c'est quoi trop, dans tel type de négociation.

Tel un torpilleur, Simon arrive derrière moi :

— Laisse tomber, il ne prendra rien. S'il avait dû signer, c'est maintenant qu'il l'aurait fait, allez, ce n'est pas grave, tu as déjà beaucoup signé, aujourd'hui.

J'ai juste envie de le pilonner sur place, lui.

Plutôt que de m'attarder sur les chiffres, je décide de jouer sur notre part de valeur ajoutée, notre signe de distinction. Marquer une différence avec la concurrence qui doit déjà se livrer à la lutte du prix le plus bas dont je ne sortirai pas gagnante, c'est une certitude.

Le lundi matin, à la première heure sur le stand, je suis concentrée dans l'attente de l'appel du client.

Simon est là pour me soutenir, enfin, à sa façon :

— Il n'appellera pas. C'est pour toi que je dis ça ! Regarde, tu n'es pas à 100 % dispo pour les clients qui viennent sur le stand. Ne perds pas ton temps !

Et là, dans le fond de ma poche, je sens vibrer mon téléphone, avant de diffuser sa sonnerie Bossa Nova. Et BERNARD s'affiche bien sur mon écran.

Profonde inspiration, je m'éloigne du stand sous le regard chargé de complaisance et de douce bienveillance de Simon. Second degré, je précise.

— Allô ?

— Oui, bonjour, Karine, je reviens, comme convenu vers vous pour que vous me communiquiez le prix final de la solution Retail Log pour l'ensemble de nos magasins.

C'est toujours quand je suis au pied du mur que je deviens la plus performante. Les mots sortent de ma bouche comme s'ils souhaitaient échapper à la censure de la raison, sur ce qui se dit ou ne se dit pas :

— Bonjour, Bernard, oui j'ai bien réfléchi, et serais trop heureuse de vous compter parmi nos clients partenaires. Un tel relationnel s'est installé entre nous. Seulement je m'interdis de rentrer dans une lutte autour d'un prix. Je prétends que c'est notre solution qui affiche le meilleur rapport qualité-prix. Je consens cependant à appliquer la remise grands comptes normalement attribuée à partir de 20 magasins. C'est le mieux que je puisse faire.

Je lui annonce alors le montant final du devis modifié. La remise n'est pas époustouflante et si le critère de sélection est basé sur le prix, je perds le dossier, c'est sûr. Un silence glacial s'ensuit, plus rien, pas une respiration, pas un mot. Je m'attends à tout instant à la tonalité du raccrochage intempestif.

On dirait un jeu radiophonique, une sorte de qui perd gagne, un ping-pong de questions-réponses, avec la sentence finale en cas d'erreur. Je retiens mon souffle :

— C'est bon pour nous !

J'ai dû mal comprendre, je vais tenter de lui faire reformuler ce qu'il vient de me dire, trop vite. Je garde l'air de celle qui s'attendait à telle réponse, alors que je tremble de tous mes membres.

— OK, je vous remercie pour votre confiance. Je vous envoie demain tous les éléments à me retourner au plus vite.

— Parfait, et merci.

Je vais me réveiller, j'ai deux mois d'ancienneté dans la boîte et je viens de faire exploser le chiffre d'affaires, presque facilement, en restant moi-même. C'est du surnaturel !

Je reviens à mon stand, accueillie par Simon :

— Alors ?

— Alors, c'est bon !

— Attends ! Il ne t'a pas encore envoyé les éléments.

— Tu m'exaspères ! Il faut que tu l'admettes une bonne fois pour toutes, il va m'envoyer ce que j'attends et j'aurai signé plus de bons de commande que toi sur ce salon. C'est comme ça, et maintenant lâche-moi.

Mais qu'est-ce que je viens de faire ? J'ai juste envoyé balader mon supérieur hiérarchique. Je ne donne pas cher de mon maintien chez Retail Log. J'ai ce tempérament… quand la limite de ma patience est dépassée, je le fais savoir, sans mettre les formes.

Il reste encore la journée à tenir, je me fixe l'objectif de finir en apothéose pour porter l'estocade et m'imposer comme une commerciale performante, redoutable et redoutée.

Alain et Sylvie de la région PACA

Dernier jour de salon. C'est la fin de l'après-midi, le flot des clients diminue et les allées sont toutes clairsemées. Un couple s'avance vers notre stand. Pendant que son épouse répond à un appel téléphonique, le mari s'assied sur un des tabourets de bar devant l'un de nos meubles de présentation.

— Bonjour, vous voulez un petit renseignement ?

Plus rapide que Simon sur ce coup-là : forcément je suis toujours debout, pendant que lui, assis au fond du stand, guette les allées et venues, ne daignant se lever que quand il juge que ça en vaut la peine.

— Non merci, on est juste épuisés par ce salon, et j'ai besoin de m'asseoir un peu.

Son épouse le rejoint et me fait part également de sa fatigue intense. Je leur propose de marquer une pause bien méritée. Un petit verre d'eau rafraîchissant et on engage la conversation. Le salon est aussi éreintant pour les exposants que pour les visiteurs.

— Asseyez-vous un peu, Madame. Alors, vous venez d'où ?

— De la région PACA, on a quatre magasins, un dépôt du côté de Saint-Raphaël.

— Et je suppose que vous êtes informatisés ?

— Euh non, on n'est pas de cette génération, on y comprend rien.

— Mais c'est d'une simplicité enfantine ! Puisque vous êtes assis, vous voulez que je vous montre rapidement ce que ce système pourra vous apporter dans votre gestion au quotidien ? Au moins vous aurez vu, et pourrez parler en connaissance de cause. Le crayon derrière l'oreille, ce n'est pas vraiment indiqué dans votre cas ! Allez, en avant pour une démo express !

Ils éclatent de rire, et je me lance dans un show : je leur présente le logiciel, les fais rire, les pousse à poser des questions, à me faire part de leurs remarques et observations. Technique commerciale que je viens de découvrir : impliquer le client dans une présentation, c'est lui faire accepter l'idée qu'il s'y intéresse.

— Et que faut-il compter pour un tel système ?

Elle est arrivée la question qui nous propulse au palier supérieur de la négociation.

Je les invite à me rejoindre dans le petit espace réservé à la négociation des devis, mais le salon va bientôt fermer. Les techniciens arrivent pour démonter le matériel, les meubles et débarrasser le stand. Il va falloir accélérer le mouvement, mais en douceur. Simon s'active bruyamment dans le rangement des cartons, soufflant, râlant, tempêtant, interpellant à tout-va. Je compense tout ça, en parlant plus que de raison aux clients, comme pour les isoler mentalement de ce vacarme infernal peu propice à la vente.

— Bon, on ne va pas s'attarder, vous allez remballer. Ça nous va, on prend le système, puisque de toutes les façons tôt ou tard, nous y viendrons. On va faire vite, de quoi avez-vous besoin ?

— Une p'tite signature, là, et le chèque de règlement.

En trois minutes chrono, c'était fait. On se dit au revoir, et ils quittent le stand. Contre toute attente, mes confrères des autres stands viennent me rejoindre pour me féliciter pour cette dernière vente. On s'embrasse, on rit, on se dit à la prochaine !

Une vraie convivialité lie les exposants entre eux. Pas d'esprit de concurrence, plutôt celui du partage, la sensation d'appartenir à la même famille du salon, celle qu'on voit régulièrement deux fois dans l'année avec plaisir.

3.

Au bureau

La vie au bureau s'active autour des prospects salon à traiter, les appels entrants, les réunions, les chiffres d'affaires réalisés par les commerciaux sur place.

Jean-Michel, mon collègue, affiche une certaine bonhomie, est toujours souriant, mais a son franc-parler. Il ne cache pas son manque d'affinité avec notre directeur commercial. Il faut dire qu'on ne croule pas sous les manifestations de bienveillance ou d'assistance. On se débrouille tout seuls.

Du coup, on partage notre toute jeune expérience, nous faisons front ensemble et apprenons des erreurs de l'autre. Pendant que je choisis de me rapprocher d'autres services afin de glaner quelques informations et nouer un contact amical avec les équipes en place, Jean-Michel communique peu. Il est cohérent avec son attitude attentiste pratiquée avec les clients, il a la même dans la mise en place d'un relationnel privé. Il répond, mais ne provoque pas. Il a une bonne réserve d'humour dont il me fait profiter généreusement, si bienvenue dans le climat un peu tendu du bureau.

On déjeune souvent ensemble et il ne me cache pas sa déception face à cet abandon caractérisé auquel il faut bien faire face. C'est le sauve-qui-peut. On se remonte le moral. Il m'apporte beaucoup.

Il n'a pas trop validé de bons de commande au salon, et commence à perdre confiance en lui. Je l'encourage à rechercher les informations manquantes auprès des autres services concernés, puisque visiblement notre responsable commercial peine à nous encadrer. On dirait presque que ça lui est tombé dessus, contre son gré. Et là tout s'expliquerait.

Une après-midi comme les autres, j'entends des éclats de voix, des cris, dans le bureau du directeur général, Laurent. Je me précipite dans l'open-space à la recherche de Jean-Michel. Il n'y est pas. Je tends l'oreille, affûte mon ouïe, et découvre avec stupeur que c'est bien lui qui s'emporte et claque la porte.

Je cours dans la rue derrière lui. Il est dans une colère indescriptible. Il bafouille, je ne comprends rien à son histoire. Nous décidons d'aller nous poser au café voisin pour en parler.

— C'est l'autre, je m'en doutais de toutes les façons !

— Mais qui l'autre ?

— Le Simon, j'ai juste envie de lui casser la figure !

— Mais qu'est-ce qu'il y a eu ?

— Tu te rappelles le client « salon » qui a voulu prendre le système complet, qui venait de Besançon ?

Compte tenu du peu de clients qu'il avait renseignés, je ne pouvais que m'en souvenir.

— Bien sûr, tu as même signé le bon de commande !

— Oui, mais il n'est pas valable.

— Comment ça ?

— Le tarif du TPV (matériel informatique réunissant unité centrale et écran, un seul bloc) n'était pas clair, et ne précisait pas si l'imprimante ticket et le tiroir-caisse étaient compris dans le prix. J'ai demandé à Simon, qui m'a confirmé que ce dernier englobait l'offre complète!

— Et?

— Et non, figure-toi, le Big Boss vient de me pousser une soufflante en me disant qu'il perdait de l'argent sur cette vente et qu'il décidait de l'annuler. Que ce n'était pas bon pour moi!

— Mais tu as dit que tu avais demandé?

— Oui, mais Simon dit que je n'ai rien compris, et Laurent le croit.

C'est une particularité dont j'ai appris à me méfier chez Simon, notre directeur commercial. Il répond évasivement en marmonnant, oublie de nous donner les informations capitales, il s'en amuse même. Du coup, je passe par d'autres chemins pour avancer, mais je ne peux pas envisager ma vie au bureau sans Jean-Michel. C'est mon oxygène, on partage tant.

De retour au bureau avec lui, j'essaie de plaider en sa faveur auprès de Laurent. Il me fait entendre qu'il ne peut valider cette commande qui lui fait vendre à perte. Je prends mon courage à deux mains et force la porte de Simon en lui disant ses quatre vérités, qu'il ne nous aide pas, pire, qu'il nous pousse à la faute, que son comportement est juste inacceptable. J'estime n'avoir rien à perdre, ce qui est arrivé à Jean-Michel me pend au nez.

Il se prend ma colère sans broncher et m'avoue enfin qu'il n'a pas demandé à gérer une équipe commerciale, qu'il n'en a pas la capacité, qu'il est désolé, mais persiste à dire que Jean-Michel n'a rien compris. Ce dernier ne se remet pas de cette situation et veut arrêter. Pas de temps à perdre dans une telle boîte. Il part!

Je perds tous mes repères. Nul autre qu'un commercial peut comprendre un autre commercial. Chacun vaque à sa tâche et moi je tente de tenir bon. Je crée des liens amicaux avec les autres services et une belle ambiance d'entraide et de soutien se met en place. Les portes restent ouvertes, on circule de bureau en bureau. On rit, et on travaille beaucoup.

Je suis désormais la seule commerciale avec Simon. Ça va être dur, très dur. Connaissant mon tempérament impulsif, je ne garantis plus rien, et tente de garder une distance de sécurité dans nos échanges. Je me gère seule et je gravis les échelons de la commerciale confirmée.

Simon me met quelques bâtons dans les roues. Il ne peut s'en empêcher, c'est plus fort que lui ! Un jour, il oublie de me faire part de l'appel d'un client. Quelque temps plus tard, ce dernier m'appelle en me demandant de le rayer de mon fichier de prospects, puisqu'il a signé avec la concurrence. Je suis fort étonnée, car nous avions établi un très bon contact relationnel au salon. Je lui demande la raison de son choix, et il m'indique avoir appelé il y a quelques jours demandant à me parler, et qu'un certain Simon devait me faire passer le message ! Un commercial qui ne rappelle pas un client en attente, c'est éliminatoire ! J'en fais les frais à cause d'un directeur commercial bien décidé à me compliquer la vie. Une sérieuse altercation aura lieu dans son bureau à la suite de cette rétention d'informations. Je l'ai définitivement calmé en lui annonçant que j'allais demander à Laurent de me verser la commission intégrale du dossier perdu, implicitement entendu qu'elle sera prélevée sur sa propre rémunération. Simon promet, jure, s'excuse et moi je gagne un temps de tranquillité. Je peux retourner à mon bureau. Ce garçon m'intrigue au plus haut point, sitôt que nous sortons du contexte professionnel dans nos échanges, il se révèle très sympathique, bourré d'humour et de bonne humeur.

J'ai le soutien de la direction en la personne de Laurent qui croit en moi, m'encourage, me dispense des paroles bienveillantes, qui me donnent de l'assurance. J'aime ces instants partagés dans son bureau où il me dévoile les ficelles du métier. Je dois reprendre le chemin de la prospection, et je ne l'envisage pas le cœur léger.

Simon ne sort plus sur le terrain depuis longtemps et en rajoute sur la difficulté de la rue. Plus il me démotive, plus il renforce ma volonté d'y arriver, de marquer des points et d'apporter ma part de valeur ajoutée à l'entreprise.

4.

La débutante

Je décide d'effectuer mon premier tour d'essai en Île-de-France, réservant les prospections parisiennes pour le moment où je me sentirai à l'aise.

Me voici en plein cœur de Nogent-sur-Marne. Des magasins sont alignés les uns à côté des autres à m'en donner le tournis. Le principe est de pousser les portes, les unes après les autres, à peine regarder l'enseigne, car sont concernés par ma prospection tous les commerces de détail, sauf alimentaire.

Une profonde inspiration, et je pousse ma première porte. Pas vraiment de besoin par ici, je laisse une plaquette, et je me livre au jeu du « rentrée-sortie » sur la moitié de la rue. Quelques intérêts, et surtout un bon accueil. Des commerçants sympathiques qui jouent le jeu. Il ne m'en faut pas plus pour prendre de l'assurance et j'arrive devant la façade impressionnante d'un magasin de prêt-à-porter, Manureva.

Je rentre d'un bon pas, sourire en étendard, et m'adresse d'emblée au commerçant qui s'affaire dans sa vitrine :

— Bonjour, je ne vais pas vous déranger très longtemps.

Il sort de sa vitrine, se plante devant moi avec un grand sourire.

— Mais vous ne me dérangez pas du tout !

— En fait, je me rapproche des commerçants de la rue pour proposer des solutions informatiques clé en main avec un prix coup de pouce, pour les commerçants de Nogent. Vous avez un seul magasin ?

— Euh non, on en a cinq ! Et c'est dommage, mais vous arrivez trop tard, on va le mettre en place très prochainement.

Et je sors là la phrase culte qui m'en a fait signer des bons de commande. Je ne connaîtrai que plus tard l'impact de chacun de ces mots.

— Mais le stylo a-t-il rencontré le bon de commande pour la signature ?

Il éclate de rire et me précise que non, car ils n'ont pas trop eu le temps de s'en occuper, et que de toutes les façons, c'est Maxime qui gère cette partie-là.

— Vous pouvez me donner ses coordonnées ? Et votre prénom pour que je puisse l'appeler.

— Bien sûr ! Moi, c'est Hugo !

Dès le lendemain au bureau et à la première heure, j'appelle Maxime et lui propose un rendez-vous afin de lui offrir le privilège de celui qui a le choix. Il est toujours temps de découvrir de nouveaux acteurs sur le marché de l'informatique. Je dois être très convaincante, puisqu'il accepte de me recevoir le vendredi matin dans ses bureaux.

C'est une grande première pour moi. Je ne suis pas aidée, je dois gérer mon état d'excitation, mon souci d'avoir à m'attaquer à une prise aussi importante, sans aucun conseil ni aide, encore moins venant de Simon. Depuis la dernière altercation, on a mis en place des relations de collègues entre nous, sans plus aucune hiérarchie.

La veille du rendez-vous, je prépare mon book, le PC portable pour la démo, la calculette, tout, enfin presque ! Me voilà arrivée devant le bureau de la société Manureva. C'est Maxime lui-même qui vient ouvrir, et tout de suite s'installe un bon contact. Je décide de la jouer naturelle et de reconnaître mes faiblesses sur les questions un peu trop techniques qu'il peut me poser. J'effectue le devis pour cinq magasins et je suis prise d'un énorme tournis. Il s'absente pour répondre à un coup de téléphone. Laurent m'a bien prévenue que pour des bons de commande de cette nature, c'est très rare qu'il y ait signature immédiate après démonstration.

Maxime rentre dans la pièce :

— J'étais avec Hugo. Bon, eh bien on va le faire avec vous ! Je devais signer avec une autre boîte, mais je n'ai pas aimé l'attitude de la commerciale qui en a trop fait. En revanche, on est pressés, il va falloir faire très vite. Préparez-moi le bon de commande là, comme ça, c'est fait. Je vous laisse deux minutes et je reviens.

Et là, c'est le drame. J'ai beau fouiller, refouiller, aucune trace de bon de commande : je les ai oubliés. J'ai presque envie de pleurer, je vais tout faire rater.

Je vous parle d'une époque où le mail, internet en sont à leurs balbutiements, pas encore bien rentrés dans les mœurs. Je décide d'appeler non pas Simon, mais Laurent, le big boss, en personne, en reconnaissant ma faute professionnelle, mais il faut qu'il me sorte de là. Je sais que je peux compter sur lui.

Pourvu qu'il soit au bureau.

— Allô, Laurent, c'est Karine.

— Oui ?

— Voilà, on pourra parler plus tard du pourquoi, du comment, mais là, j'ai juste besoin que tu m'envoies par fax un bon de commande !

— Tu as oublié les bons de commande ? OK, je te les faxe tout de suite.

C'est ce que j'ai toujours apprécié chez Laurent, il est réactif et comprend très vite la situation. Le rappel à l'ordre peut attendre.

Bon de commande reçu, signé, validé par le client avec son chèque d'accompagnement. Je rentre au bureau, partagée entre un sentiment de fierté et de conscience du long chemin qu'il me reste à parcourir pour gagner mes galons de commerciale expérimentée. J'ai droit bien sûr au sermon de l'inacceptable pour une commerciale, dans l'oubli du fondamental, les bons de commande, et ma promesse que plus jamais on ne m'y reprendra.

Je me rends très vite compte qu'il m'est impossible de sortir sur le terrain tous les jours. Je décide donc d'alterner un jour bureau, et un jour prospection. La vie dans l'entreprise est dense, donnant des allures de ruche à notre espace. Ça va et vient dans tous les sens, les portes restent ouvertes, les services se mélangent, on déjeune ensemble.

Je m'entends très bien avec un jeune contrat de qualification, François, du service développement. Toujours prêt à m'aider dans ma découverte en solitaire des mille et un secrets cachés du logiciel. Il a un caractère bien trempé, plein d'humour, un brin d'ironie et répond toujours présent à mes appels d'urgence quand je suis aux prises avec l'hermétisme subit du programme informatique qu'il connaît par cœur.

J'apprécie aussi énormément pour son caractère entier, professionnel, perfectionniste et terriblement humain, Bruno, dans le même service. C'est le doyen des salariés, et même s'il affiche un air bougon, on apprécie son authenticité, sa sincérité. Il est vrai, pas de double langage, il aime ou n'aime pas. Pas de demi-mesure. On a tout de suite été en phase lui et moi.

Au service technique, il y a la mascotte du bureau, Sandro, notre MacGyver à nous. Il excelle au service SAV où il dépanne et forme les clients. Timide, réservé, mais plein d'un humour à lui, bien à lui. Il occupe, tout en discrétion, une place importante pour chacun de nous et on est toujours à sa recherche dans les locaux de la société.

Ce trio de choc fait partie de ma garde rapprochée!

Mes journées passent très vite, téléphone, devis, préparation de la journée du lendemain. Simon gère les grands comptes. J'ai pu noter une nette accalmie dans nos rapports, on a hissé le drapeau blanc, et on commence à bien s'entendre. Le chacun sa place commence à produire ses effets positifs. On ressent beaucoup moins de tension entre nous, et nous nous surprenons même à rire ensemble, à parler de choses et d'autres. Inenvisageable il y a seulement quelques semaines. On progresse, mais c'est plus fort que lui, il y a des rechutes.

Un client prospecté sur le terrain m'appelle. Il est intéressé. Nous convenons d'un rendez-vous démo au bureau. Il part du principe qu'il prendra la solution chez nous, car sa comptable lui impose de s'informatiser. Ce qui l'intéresse surtout, c'est le montant du devis. Il souhaite qu'on s'entende sur le montant de l'installation avant sa venue chez nous. Je lui fais parvenir la proposition commerciale tenant compte d'une « Remise Terrain ».

Il négocie, me demande de faire un effort supplémentaire. Je pratique l'ultime geste commercial que je puisse accorder sur un tel dossier, et préviens le client que je ne pourrai pas aller au-delà. Je lui envoie par mail la proposition commerciale revue et corrigée, il me donne son accord de principe dans sa réponse et me confirme le rendez-vous le lendemain en fin d'après-midi.

Dès le matin, je préviens la secrétaire que Yann, du magasin Charonne 11 viendra pour le rendez-vous. La journée se passe. Appel du standard pour me dire que mon client est arrivé. J'aime faire un peu attendre les visiteurs, pour qu'ils se familiarisent avec nos locaux. Il y règne toujours une ambiance sympathique. On s'y sent bien. Je passe devant le bureau de Simon. Il est l'antithèse du commercial, campé derrière son bureau, lui donnant accès par la cloison vitrée aux moindres allées et venues, il n'en bouge pas de la journée. Ce garçon demeure un mystère pour moi.

Allez, à moi le nouveau bon de commande.

Nous nous dirigeons vers le showroom. Tout se passe bien, trop bien, ai-je envie de dire. Il affiche malgré son jeune âge un petit air suffisant, assez dérangeant, mais j'ai une grande faculté d'adaptation, et nous arrivons déjà à la fin du rendez-vous. Je sors de sa pochette le devis accepté la veille au téléphone, et le lui tends, pour signature. Il l'examine, lève les yeux vers le ciel, semble réfléchir.

— Franchement, c'est un montant un peu tarabiscoté, avec ses chiffres après la virgule. Allez, on arrondit et c'est bon.

Il m'est impossible de répondre à sa demande, et je ne manque pas de lui rafraîchir la mémoire :

— Vous vous souvenez de notre entretien qui date d'hier au cours duquel vous avez validé ma dernière proposition commerciale, me confirmant le rendez-vous de ce jour ?

— Oui, mais c'est une question de principe. Je trouve ça mesquin, ces chiffres après la virgule, et je vous demande juste de faire un effort supplémentaire de trois cents euros pour obtenir un chiffre rond, ce n'est pas grand-chose quand même.

— Non. Impossible pour moi. Je ne peux pas. Je vous l'ai précisé dans notre échange d'hier. Vous m'avez donné votre accord de principe, et vous le remettez en question. Ce n'est pas sérieux et je ne sais pas travailler comme ça.

Je hausse un peu le ton, car la parole donnée a un sens pour moi, et surtout pour mettre un terme à ce chantage au bon de commande. Ma réponse ne lui convient pas du tout. Il range son chéquier, son stylo, plie ses affaires, remet sa casquette sur sa tête :

— C'est dommage qu'un dossier tombe à l'eau pour trois cents euros et une poignée de centimes, mais c'est vous qui voyez.

— C'est en effet dommage, pour le temps que j'y ai consacré et perdu. Me concernant, ça fait partie du job, quelquefois je gagne, d'autres je perds. Ça ne changera pas le cours de ma vie. En revanche pour vous, ça risque d'être plus compliqué. Vous avez trouvé un système qui vous convient, à un prix plus qu'étudié, et vous allez devoir tout recommencer, chercher, trouver un nouvel éditeur, et si vous voulez mon avis, vous vous apprêtez à perdre temps et argent, les deux à la fois. Mais c'est vous qui voyez !

Je dis ça, mais n'en mène pas large. Le client ne répond pas, me serre la main, et quitte les locaux.

Je n'ai même pas cinq minutes de répit, que je me retrouve à l'accueil, là même où j'ai raccompagné Yann, entourée par Big

Boss, surnom qu'il m'arrive de donner à Laurent, et Simon qui avait sans doute besoin de se dégourdir les jambes.

— Alors ?

— Alors quoi, Simon ?

— Ben alors, tu as signé, j'espère.

— Non !

Laurent juge bon d'intervenir, il commence à connaître mes intonations annonçant avis de tempête.

— Que s'est-il passé ?

Je raconte depuis le début l'historique de ce dossier. Simon endosse le rôle du responsable commercial outré qui me ferait rire en d'autres occasions, lui qui n'effectue plus aucune démonstration, n'a plus aucun contact avec la clientèle, n'encadre pas ses commerciaux, et même pire, leur complique la vie au point de les faire partir. Je le regarde faire son show :

— Je ne sais pas ce que tu en penses Laurent, mais elle n'aurait jamais dû laisser partir le client. C'est une erreur d'appréciation, ça. Tu aurais pu m'appeler si tu ne savais pas.

Là, par cette simple phrase, il approche l'allumette du pain de dynamite et ça lui saute à la figure :

— Non, je n'allais sûrement pas t'appeler. Ta politique, c'est le moins de fatigue possible et la négociation, tu ne sais même pas ce que c'est puisque tu te courbes et te courbes encore devant le client, perdant toute crédibilité et signant quoi ? Rien.

— La valeur de notre produit, c'est nous qui la donnons en nous montrant intraitables. Je ne regrette pas mon comportement, je ne sais pas faire autrement. Je suis ce type de commerciale, et je ne changerai pas. Je sais qu'il va revenir, en plus.

— Mais non, il ne va pas revenir. Si ce n'est pas malheureux de vouloir se passer des conseils de personnes d'expérience !

Et là, je ne peux m'empêcher de rire, dans l'impossibilité de lui répondre. Simon est vexé, nous voilà bien !

Laurent intervient avant le pugilat :

— Si tu le ressentais comme ça, tu as très bien fait. On a la même façon de voir les choses, on ne courbera jamais le dos devant un client.

Chacun regagne son bureau. Je repasse en boucle toutes les étapes de cet échec. J'ai beau tourner la situation dans tous les sens, je me juge irréprochable dans la gestion de ce dossier, en parfaite cohérence avec ma façon de gérer ma propre stratégie commerciale. Je ne cède ni au chantage ni aux négociations déraisonnables autour d'un prix, pas d'autoflagellation, presque une certaine fierté d'afficher une différence revendiquée.

La fin de journée avance à grands pas, et j'ai envie de ne rien faire. Je prépare mes affaires du lendemain, quand Juliana, notre assistante de direction, me prévient du retour du client dans les locaux. Il revient pour quoi ? Il a oublié quelque chose ?

Je me dirige à sa rencontre pour le rejoindre à l'accueil, passe devant le bureau de Simon qui, tels les suricates sentinelles, tend son cou pour voir ce qui se passe, prêt à intervenir. Le regard que je lui lance le fige. Une bonne chose de faite.

J'affiche l'allure de la commerciale qui est passée à autre chose en une heure, je n'ai pas que lui dans mes dossiers à traiter. Je tente l'humour, l'ironie.

— Alors Yann, vous avez regretté, vous venez signer le bon de commande ?

— Oui, c'est bon, je capitule !

Que dire de ce cœur qui bat à tout rompre, des mains moites, et de la posture « ça ne me fait rien ».

— OK, je suis vraiment heureuse de vous compter parmi les clients partenaires Retail Log. Merci pour votre confiance. Vous verrez, vous ne le regretterez pas.

En cinq minutes, le dossier est plié. Bonne poignée de main, sourire au revoir et merci.

Le même comité se réunit à l'accueil. Simon arrive. Les grandes douleurs sont muettes, alors il ne dit rien, et lui, quand il ne parle pas, c'est que ça a dû frapper fort. Laurent nous rejoint et me félicite :

— Bravo, tu es vraie. Il est là ton potentiel, tu ne déroges pas à tes principes. Je suis fier de toi !

En lévitation, c'est ça, je suis en lévitation, je vole et suis épuisée. Je continue d'apprendre et de me forger la carapace de la commerciale tenace, persévérante et qui croit en elle.

5.

La vérité si je mens !

Me voilà dans le Sentier, important quartier de Paris réservé au textile. Capitale des grossistes et fabricants, fournisseur des commerçants de prêt-à-porter de la France entière. Bien avant *La Vérité si je mens*, j'ai à côtoyer ce milieu, riche en folklores, couleurs et activité débordante.

J'adore cet endroit, hors du temps, hors de tout. On s'interpelle à tous les coins de rue, au rythme des chariots transportant les rouleaux de tissu, des terrasses de café bondées, des sacs chargés de marchandises aux bras des commerçants sortant des magasins, des rires. Un endroit de vie et de business florissant.

Je me souviens alors qu'un fabricant ONO et LILI que j'avais renseigné au salon du prêt-à-porter se trouve non loin de là, rue du Caire, exactement. J'avais établi un devis pour ses quatre magasins et, malgré mes appels, je n'avais obtenu aucune réponse.

En quelques pas, j'y suis. Je franchis la porte du magasin. L'effervescence est à son comble. Je me présente à l'accueil et demande à parler à Charlie, le PDG de la société. Je peux d'ailleurs l'apercevoir derrière la baie vitrée qui marque la séparation entre l'espace de vente et les bureaux.

— Bonjour, je suis de passage dans le quartier et je souhaiterais parler quelques minutes à Charlie.

— Je ne sais pas s'il est dans les locaux, je vais voir.

Mais comment peut-elle me dire ça, alors que je le vois à travers la vitre ? Elle revient au bout d'un court instant.

— Non, je suis désolée, Charlie n'est pas là.

— C'est sans doute une plaisanterie, je le vois moi, Charlie. Qu'il n'ait pas le temps, qu'il ne souhaite pas donner suite au dossier informatique, je n'ai aucun souci avec ça, mais cette fin de non-recevoir est juste inacceptable. Me dire qu'il n'est pas là alors que je le vois, ça ne se fait pas.

Charlie a dû voir que je trouvais à redire à son comportement puisqu'il arrive à l'accueil :

— Ah Karine, quel plaisir de vous voir ! Elle n'a rien compris, j'ai dit que je terminais ce que je faisais et que je viendrais vous saluer.

Ce gars est trop sympathique. Tout est trop avec lui. Il me fait rire et je me détends. Il m'invite à le suivre dans son bureau.

— Alors, qu'est-ce qui vous amène ?

— En fait, vous vous souvenez du devis que je vous avais envoyé et pour lequel malgré mes appels successifs, je n'ai eu aucune nouvelle ? Je me disais que, me trouvant dans le quartier, c'était le bon moment pour moi de qualifier votre demande.

— Oui, mais il ne faut pas venir comme ça, à l'improviste.

D'un coup, je me dis qu'il a raison. Je surgis comme ça, lui demandant de me réserver un peu de son temps précieux.

— Vous avez raison, mais je ne vous demandais pas de me recevoir, juste de me donner une réponse que je me dois d'obtenir sur les dossiers en cours.

— Vous auriez dû me prévenir de votre passage au moins.

— Mais ce n'était pas prévu, je le fais souvent.

— Parce que…

— Parce que quoi ?

— Si j'avais su que vous veniez, je serais allé chez le barbier, j'aurais mis mon plus beau costume. Je ne pouvais pas me présenter à vous comme ça.

Et là, éclats de rire à n'en plus finir. J'adore ce client, il est trop drôle. C'est une caricature à lui tout seul. Il me promet de réfléchir à l'idée d'informatiser ses magasins et promis-juré me donnera sa réponse la semaine suivante. Nous convenons que je l'appelle le jeudi suivant. Noté pour moi.

Le jour J arrive à la vitesse de l'éclair. Les jours passent, m'entraînant dans un rythme effréné, et j'en redemande. Moi, l'hyperactive, j'abats un boulot phénoménal.

Il faut dire que la petite taille de notre entreprise nous impose de nous aider mutuellement. Ainsi, il m'arrive de prendre le standard en dépannage, les techniciens et développeurs aussi. Une sorte de *Vis ma vie* improvisée. Il y a une bonne ambiance au bureau, hormis quelques signes d'orage annoncés entre Simon et Laurent. Entre ces deux-là ne règne plus trop la franche amitié, ni l'un ni l'autre n'en parlent, mais ils donnent le change. Du coup, on ne pose pas de questions.

Simon affiche une grise mine, je sens bien que quelque chose ne va pas au boulot, mais sujet tabou, il me fait bien comprendre qu'il n'en parlera pas. Il va régler ça, me dit-il.

Bon, moi il faut que j'appelle Charlie. En général, juste avant un coup de fil de la sorte, je ressens la tournure que prendra la discussion avec les clients, mais avec lui, c'est impossible, il est imprévisible.

— Allô bonjour, je souhaiterais parler à Charlie.

— Ne quittez pas.

Il y en a qui choisissent du Mozart, du André Rieu, en musique d'attente, ONO et LILI me déversent du Patrick Sébastien, en pleine fiesta, dans les oreilles et là, on n'a pas la possibilité de penser ou de se laisser aller à la rêverie, j'en ris encore aujourd'hui.

— Allô ?

— Allô Charlie, bonjour c'est Karine, comme convenu je reviens vers vous.

— Quoi, déjà ?

— Euh, oui…

— Ça va, votre semaine s'est bien passée ?

Il a envie de parler alors que je suis sur des charbons ardents. J'ai remarqué que grand nombre de clients aimaient réserver le suspense.

— Oui très bien, beaucoup d'installations à gérer. À ce sujet, alors ?

— Alors, ben oui, je vais le faire, je n'ai pas le choix, ma comptable n'arrête pas de me le répéter.

— Super ! Alors voilà, je vais vous faire parvenir le bon de commande, vous aurez juste à le signer et à me le retourner accompagné des deux chèques, un encaissable de suite, l'autre au moment de la livraison. Merci pour votre confiance, et à bientôt !

— Attendez, attendez !

Mes oreilles refusent d'assurer leur fonction et de me faire entendre ce « Attendez ». C'était trop beau. Que va-t-il me dire ? Ça sent le roussi, cette histoire. J'adopte mon ton le plus neutre possible :

— Oui ?

— Alors en fait, je préfère vous remettre le bon de commande avec les chèques en main propre.

Ouf, ce n'était que ça !

— Ah, OK, je passerai à votre bureau.

— Oui, mais moi, je suis pris toute la journée.

— Ah ? Et vous pourriez vous libérer vers quelle heure ?

— 20 h 30-21 h, là ça irait. On a qu'à dîner tous les deux, et je vous donne tout ça.

Il veut jouer, on va s'amuser. C'est ma spécialité ça, rendre l'arroseur arrosé, et j'adore ça !

— Vous préférez ?

— Ah oui carrément, je connais un p'tit resto près des Champs, vous allez adorer.

— Ah ben c'est génial alors !

— Alors, laissez-moi regarder, on pourrait dire jeudi prochain, sur place à 21 h, ça vous irait ? Je vous enverrai les coordonnées du restaurant.

— Oui, très bien. Vous réserverez, je suppose ?

— Euh oui, bien sûr.

— Non, je voulais juste m'en assurer, et noter en même temps. On dit donc jeudi prochain, à 21 h, pour trois personnes.

— Trois personnes ?

— Ah oui, j'avais oublié de vous dire que passé 20 h, je sors toujours avec mon conjoint.

Nous partons alors d'un éclat de rire qu'on a toutes les peines du monde à contenir.

— Vous êtes trop drôle, j'adore. Allez, OK, je vous envoie tout ça.

Les clients placent toute confiance en leur commercial avant même la société avec laquelle ils traitent. Dès lors qu'ils vous acceptent comme interlocuteur, vous faites partie de leur entourage proche. Ils font tomber les clapets de méfiance et s'en remettent à vous. Ça m'a toujours extrêmement touchée et j'ai toujours honoré avec dignité cette confiance dont les clients me gratifiaient. Et pour cause, elle fait partie de mes valeurs fondamentales, un des piliers de mes principes de vie.

Je travaille sur le dossier ONO et LILI et nous allons procéder à son installation. Juliana, qui gère les bons de commande et la facturation, vient dans mon bureau. J'apprécie cette fille, elle a un caractère bien trempé, et elle fait tourner tous les services dont elle a la charge à la baguette.

Notre relation avait mal commencé, quand, prise en flagrant délit de piétinement intensif sur mes plates-bandes, je l'avais fermement rappelée à l'ordre. Depuis, on a enterré la hache de guerre, et nous nous entendons très bien. On dirait qu'il faut toujours passer par là dans les relations humaines.

— Karine, pour le dossier ONO et LILI, y a un souci !

Rien que cette phrase peut m'entraîner dans une agitation incontrôlée. Un dossier transmis à l'administratif ne doit jamais revenir, ou alors sous forme de commissions, de primes, ou autre, mais jamais comme ça.

— Ah bon ?

— Oui, il y a une erreur de 1000 € sur le dossier.

Le plafond s'écroule sur ma tête, je peux assumer une erreur de ma part de quelques centaines d'euros, acceptant de bonne grâce de voir ma commission grignotée à hauteur de la faute, mais 1000 €, c'est juste inconcevable. Juliana ne laisse exprimer aucun affect, jamais. Elle annonce comme un présentateur de journal TV. Pas d'état d'âme, elle a décelé une erreur et la ramène à son propriétaire.

— Mais ce n'est pas possible ça, 1000 €, tu es sûre?

— Certaine.

On dirait un jeu télévisé auquel, dans d'autres circonstances, je m'adonnerais avec plaisir. On doit exprimer une définition par un mot et un seul. On joue au Mot de Passe dans mon bureau.

— On ne peut pas le livrer alors, parce qu'il nous doit 1000 €, mais quelle catastrophe !

— Non, c'est bon, on l'a livré!

Elle ne va pas bien ou quoi? Elle a oublié la règle d'or? On livre quand on a l'intégralité du montant de la facture en notre possession.

Sortez-moi de là ou je vais tout casser! Ma voix va trahir mon impatience, sous peine de la bousculer un peu, oui, mais la demoiselle est très sensible et pleure dès que le ton change.

Tant pis, je risque:

— Bon, écoute, je n'ai pas le temps pour le jeu des questions-réponses. Parle à la fin, c'est insupportable!

J'ai dû y aller trop fort: regard dans le vague, respiration accélérée, non, pas ça, pitié pas ça! J'enchaîne aussitôt, avec la voix qu'on utilise pour rassurer un enfant.

— Non parce que c'est incroyable ça, j'ai traité scrupuleusement ce dossier et ne vois pas comment j'ai pu commettre une telle erreur !

Je dis ça tout en douceur, alors que j'ai juste envie de lui crier : « Tu vas la cracher ta Valda ! » Et ça marche :

— En fait…

J'entends et ne comprends plus rien, elle parle tout bas, pour ne pas ébruiter cette affaire de la plus haute importance sans doute. Très étrange la nature humaine. Moi, quand je suis nerveuse, je rajoute quelques décibels à mon ton habituel. Eh bien j'apprendrai que Miss Juliana, quand elle est nerveuse, parle de manière inaudible… J'aurais tout eu.

— Excuse-moi, je n'ai pas bien compris.

— Non, en fait, tu lui as compté 1000 € de PLUS !

J'avale ma salive comme s'il s'agissait de jus de piment. Juliana « me laisse gérer », comme elle dit, et quitte mon bureau. Je manipule de la nitroglycérine avec ce dossier, Charlie va douter, se méfier et peut-être même annuler la commande. Comment lui présenter la chose ? Je vais d'emblée le prendre de court en lui disant que nous allons procéder à un remboursement dans les meilleurs délais, c'est ça oui, ça va le faire. Je croise les doigts, et décide de les garder ainsi, jusqu'à mon appel avec lui.

Nous nous entendons vraiment bien et sommes même passés au tutoiement, c'est pourquoi je décide de garder un ton naturel dans l'échange téléphonique que je m'apprête à avoir avec lui. Rien de tel que le vrai !

Juliana quitte mon bureau. Tête dans les mains, je réfléchis à toute allure, en mode turbine. Il ne fait pas bon m'approcher dans ces moments-là. Je compose le numéro sur mon téléphone et je me lance :

— Allô, ONO et LILI, j'écoute.

— Oui bonjour, je suis Karine, Retail Log, je souhaiterais parler à Charlie.

Je n'ai pas fini de prononcer le « lie » de Charlie qu'elle me balance dans les oreilles *Les Sardines* de l'ami Sébastien…

— Alllllôôô Karine ?

— Oui, bonjour Charlie.

— Ça va ?

— Euh oui, tout va bien, mais en fait, je voulais t'informer que j'ai commis une petite erreur sur ton dossier, et que le bon de commande ne va pas correspondre à la facture.

— Ah bon ? Et de combien l'erreur ?

Respiration du petit chien, doigts croisés au point de me faire mal :

— 1000 €

— QUOI ?

— Euh oui, mais…

Ça y est, c'est le bon moment pour lui dire qu'on va tout de suite lui rembourser le montant trop perçu, mais il ne me laisse pas parler.

— Ben écoute, il faut faire attention ! Bon, je te renvoie un chèque ou comment on fait ?

Plus de son, plus d'images à mon niveau, j'attends juste que les masques à oxygène tombent du plafond du bureau pour me ranimer.

— Non, écoute-moi, s'il te plaît.

— Vite alors, car je n'ai pas le temps.

— C'est nous qui te devons 1000 €. J'ai facturé deux fois le même logiciel. Nous allons te rembourser dans les meilleurs délais. Très vite. Excuse-moi, encore.

— Quoi ? Non ! Ça, ce n'est pas possible ! Alors là, c'est une première ! J'ai trente ans de métier, et j'en ai traité des affaires... Le devis je ne l'étudie pas, je l'épluche et je n'arrive pas à comprendre comment je ne l'ai pas vu passer cette erreur de 1000 € quand même. En fait, si, je sais. C'est parce que je suis toujours comme ça quand je fais confiance.

— Merci pour ta compréhension. À bientôt Charlie !

— Ses paroles me touchent au plus haut point. La confiance des clients à mon égard, c'est mon coffre-fort. C'est blindé. On ne s'en approche pas. Au bureau, tout le monde le sait, je suis leur meilleure avocate quand un petit litige peut apparaître, et qu'ils sont dans leurs bons droits. J'aime mes clients, pour les belles valeurs qu'ils réveillent en moi, bien avant les commissions procurées par la signature de leur dossier.

6.

Moi, responsable commerciale ?

Un tsunami vient de déferler dans notre petite vie tranquille du bureau. Simon s'en va. Je n'ose y croire, ce n'est pas possible. Je passe de longs moments dans son bureau pour essayer de comprendre sa décision.

— J'ai plus la motivation, plus l'envie ! Tu le vois bien. Je dois partir. Tu vas encore profiter de moi pour trois mois, ce n'est pas tout de suite.

— Mais on ne part pas comme ça, après six ans d'ancienneté, rien de pire que le coup de tête, la réaction dans l'énervement, c'est toujours toi qui me dis ça !

— Ma décision est mûrement réfléchie, et puis j'ai trouvé autre chose !

Simon et moi sommes devenus les meilleurs collègues du monde. Il s'est révélé être un ami sur lequel je pouvais compter, il m'apprend à relativiser, à faire face aux quelques dysfonctionnements d'organisation, il m'encourage et vient à ma rescousse quand il me sent dépassée. Je suis à ses côtés lorsqu'il lui arrive de flancher, de se plaindre de ce manque de reconnaissance caractérisé, de l'injustice qu'il peut ressentir, pour finalement se reprendre et m'affirmer qu'il n'a besoin de personne.

Je commence à peine à accuser la nouvelle que Laurent me convoque en urgence dans son bureau. Ce n'est pas le bon moment. Je suis encore sous le coup de l'émotion, réceptive à la forte tension qui l'oppose à Simon, et je me sens en terrain miné en pénétrant dans son bureau.

Visage fermé des heures sombres. Il cherche ses mots, il se mure dans un court silence, me laissant en proie à toutes les interrogations qui assaillent mon esprit.

Il pose à plat ses mains sur la table vitrée et je me prépare, me concentre à accueillir cette information de haute importance qui a tant de mal à venir :

— Tu es au courant de la nouvelle ? De toute façon, c'est mieux comme ça, quand on n'est plus en phase, il faut se séparer !

J'attends la suite, mais rien ne vient, il plante son regard dans le mien comme s'il attendait mon assentiment pour poursuivre, alors j'opine de la tête. Pour me donner une contenance et l'encourager à continuer, je prends une allure détendue et commence à effleurer pour finalement malaxer les délicates fleurs séchées composant le pot-pourri ornant son bureau, jusqu'à les réduire en bouillie. Il se lève à présent, jouant avec mes nerfs, et me propose un verre d'eau. Cette délicate attention ne me laisse rien présager de bon. C'est en effet ce qu'il y a lieu de faire pour préserver son interlocuteur, avant de lui balancer une nouvelle fracassante, et la victime en puissance là, c'est moi. Je connaissais le supplice de la goutte d'eau, je viens de découvrir celui du verre d'eau qu'il remplit silencieusement, sourcils froncés. Un long soupir, et puis le grand orateur se lance :

— Bon, je suis très fier de ton travail, tu le sais ça ?

Mais pourquoi termine-t-il chacune de ses phrases par un point d'interrogation ? Il voit bien que je suis en phase de repli, prête à affronter l'impact de la nouvelle sur mon état nerveux déjà passablement malmené. Alors je donne la mimique du remerciement à mon visage, il s'en contente et poursuit :

— Je ne vais pas y aller par quatre chemins. Je suis heureux de te proposer de prendre la place de Simon au poste de responsable commerciale, qu'en penses-tu ?

Il a bien décidé de m'inviter au jeu des questions-réponses, mais là, le regard qu'il me lance m'incite fortement à m'exprimer verbalement. Je dois être en pilote automatique de la pensée, car les seuls mots qui me viennent lui sont livrés tels quels, au sortir de ma rapide réflexion :

— Merci pour cette marque de confiance. J'en serais ravie, mais je suis encore sous le coup de l'annonce du départ de Simon, et souhaite me laisser un peu de temps avant de me prononcer. J'ai en effet quelques scrupules à me précipiter aussi vite pour prendre la place de Simon. Je crains que ça ne le heurte et, au regard des bonnes relations que j'entretiens avec lui, je suggère que nous reprenions cette conversation en laissant passer un peu de temps.

Ma réponse n'a pas l'air de lui convenir, puisqu'il tape sur la table et me rappelle à l'ordre :

— Mais on n'a pas le temps, tu comprends ? C'est une opportunité pour toi, pour nous. Simon a décidé de partir, c'est son choix, il n'y a aucun scrupule à avoir.

— Oui, tu as sans doute raison !

À un moment, l'instinct de survie prend tous ses droits et je tiens à maintenir la relation de confiance établie avec Laurent, alors j'accepte.

Me voilà responsable commerciale ! J'en avise aussitôt Simon qui prend la nouvelle avec une joie non dissimulée pour moi. Il a l'art de pratiquer le double langage, son regard contrarie ses paroles et je l'entends bien le « bon courage » alors qu'il me félicite chaleureusement.

Laurent me demande d'embaucher trois commerciaux. J'ai beau lui rappeler ma fonction de commerciale, très éloignée de celle de chargée de recrutement, il ne me laisse pas le choix.

Je me lance dans la recherche éperdue des commerciaux et passe le plus clair de mon temps à étudier les CV qui nous parviennent. Je m'attarde sur le parcours professionnel, les années d'expérience des candidats et me lance dans les entretiens. Je découvre un nouveau métier et avance à tâtons dans la complexité de la mission qui m'a été confiée.

Les entretiens d'embauche s'enchaînent et du fait de mon peu d'expérience dans le domaine, je décide de me fier à la première impression qui est, paraît-il, toujours la bonne. Pour l'instant, je ne suis guère enchantée par le flot de candidats reçus. Je commence à désespérer et découvre un panel représentatif des commerciaux, chercheurs d'emploi du moment : celui qui ne veut pas prospecter, ne peut pas travailler le mercredi, car c'est le jour du foot, l'inexpérimenté, celui qui sait tout et qui peut même m'en apprendre, le trop jeune, le bavard, le timide, et la liste est longue. C'est alors que je ne m'y attends plus, prête à jeter l'éponge et à renoncer qu'une journée plus prolifique que les autres m'apporte sur un plateau mon équipe commerciale, composée de Daniel, Olivier et Sacha. Laurent s'en félicite et approuve mon choix en les embauchant immédiatement.

Dès leur premier jour de travail, j'organise une petite réunion au showroom, je me livre à une présentation de la société Retail

Log et je leur définis précisément la nature du poste de commercial. Ils ont pour mission de prospecter sur le terrain, ou au téléphone, proposer et vendre notre solution logicielle clé en main aux commerces de détail.

Je les observe, séparément, et déjà leur personnalité se dessine. Olivier, le bon élève, Daniel, le comique, et Sacha, le ténébreux.

Ils évoluent en pleine complémentarité, collaborent, se répartissent les tâches et partagent leurs compétences.

Mais voilà déjà quinze jours qu'ils ont rejoint le service commercial et les résultats sont loin d'être à la hauteur. Je décide de rajouter un petit coup de pression pour les sortir de leur torpeur et définis avec eux un plan d'action commerciale à mettre en place sur-le-champ, dont ils devront me rendre compte lors de la prochaine réunion.

7.

Les commerciaux

Les réunions se succèdent et toujours aucun résultat probant. Ils sont incapables de mener à bien la moindre prospection, n'obtiennent pas de rendez-vous, encore moins de signatures. Laurent commence à marquer des signes d'impatience dans la transformation des actions commerciales et évoque avec gravité le manque de rentabilité du service dans sa globalité, puisque j'ai bien dû délaisser mes propres affaires pour assurer l'encadrement du trio infernal.

La réunion de ce vendredi s'annonce mal, j'ai de gros griefs contre eux, et ils s'installent autour de la table, comme on peut le faire quand on rejoint des amis à la terrasse d'un café. Ils plaisantent entre eux, regardent leurs montres et daignent enfin prendre place.

Nous commençons à passer en revue la morne activité hebdomadaire de Daniel et Olivier. Sacha se distingue par un rendez-vous clientèle qu'il a obtenu, au cours duquel il a effectué une démonstration du logiciel et, alléluia, a établi un devis. Je désire porter l'intérêt de l'équipe sur ce dossier et le travail de Sacha qui a validé chacune des étapes du processus de vente, même s'il n'y a pas eu signature de bon de commande. Le tour de table terminé, je prends la parole et m'adresse à lui :

— Sacha, revenons sur l'affaire SHOE SHOE, si tu veux bien. Commerçant dans l'activité de la chaussure, tu t'es rendu au rendez-vous pour la démonstration du logiciel et que s'est-il passé ?

— Ben rien, ça ne l'intéressait pas, il m'a donné une réponse négative quand je l'ai appelé après lui avoir envoyé le devis.

Je sens l'irritation, l'agacement me gagner et la patience m'abandonner. Cet air désabusé, cette attitude détachée dans la réponse frôle le manque de respect et je décide de le bousculer un peu. Il n'est pas en situation d'adopter tel type de comportement. Un peu d'humilité ne lui nuirait pas, je poursuis :

— Le commerçant a donc dit non, mais, simple curiosité de ma part, tu en connais beaucoup des clients qui te disent : « Ah bien sûr, je n'attendais que vous, où dois-je signer ? »

Olivier et Daniel éclatent de rire et Sacha se vexe. Je renchéris en rappelant à l'équipe :

— Je vous l'ai souvent martelé, vous ne pouvez l'avoir déjà oublié, « c'est à partir d'une réponse négative que le vrai travail du commercial commence ». Le non, loin d'être un blocage, nous donne l'opportunité d'apporter notre part de valeur ajoutée, d'exprimer notre pouvoir de conviction pour faire changer d'avis le client. Sacha, partons du principe que ce dossier est perdu, tu n'as pas envie, ne serait-ce que pour ta satisfaction personnelle, de jouer avec ce « non » et de tenter de le transformer en oui ou en peut-être ?

Je viens de porter l'estocade et il se mure dans le silence, en manifestant des signes de nervosité, d'agacement à mon encontre. Il perd de sa superbe et ne compte pas en rester là :

— Il a dit non, il a dit non, on ne va pas le forcer quand même.

— Oui, bien sûr, et juste pour profiter de ton expérience, qu'as-tu répondu au client ?

— Ben rien, je lui ai dit que ce n'était pas grave et qu'il pourrait me rappeler s'il changeait d'avis.

— Oui, mais quelle est ta part d'implication dans le fait que le client décide ou non de te rappeler et penses-tu sincèrement qu'il le fera ?

— Je ne sais pas moi.

La tension nerveuse que je contiens depuis le début de la réunion commence à se libérer et je lui réponds :

— OK, alors autre question. Si je reprenais le dossier, penses-tu qu'on pourrait inverser le cours des choses ?

Il ne s'attendait pas à cette réaction de ma part. Il est désemparé, cherche des mots qu'il ne trouve pas. Je renchéris :

— Nous allons reprendre cette affaire depuis le début et la traiterons ensemble. Je ne garantis pas la réussite dans cette démarche, mais au moins, nous apprendrons de nos erreurs. Fin de la réunion, merci !

Laurent me rejoint dans mon bureau et m'indique que, sauf miracle, il mettra fin à la période d'essai des commerciaux d'ici la fin du mois. C'était prévisible, ils coûtent à l'entreprise et ne rapportent aucun chiffre d'affaires, la patience a ses limites et on vient de les atteindre. Je ne laisse rien entendre à l'équipe de la décision déjà prise par la direction et maintiens le projet de collaboration avec Sacha dans la gestion de son dossier plus bâclé que bouclé.

J'appelle le magasin SHOE SHOE, en début d'après-midi, et demande au commerçant de bien vouloir nous recevoir dans la semaine, car nous serons de passage dans le quartier pour communiquer sur une nouvelle offre logicielle. Il accepte spontanément en me précisant que pour l'instant il n'envisage pas d'informatiser son magasin, mais veut bien se tenir informé. Je n'apprends rien que je ne sache déjà, la partie s'annonce rude!

Simon m'interrompt dans le cours de mes pensées en entrant dans mon bureau. Il me rappelle que c'est aujourd'hui son dernier jour dans l'entreprise. Je me rends aussitôt disponible pour lui. Il a envie de parler avec moi et à ce moment-là, plus rien ne compte. On passe en revue les bons moments partagés ensemble, le début de la relation un peu compliquée, sa philosophie d'approche des clients, les souvenirs de salon, nos rires et cette belle complicité qui nous lie aujourd'hui. Une forme de pudeur l'empêche d'aborder avec moi le sujet qui l'a perturbé au point de l'inciter à quitter la société. Nous poursuivons cette discussion amicale alors que j'ai mille dossiers sur le feu, mais je lui dois bien ça. Il quitte ensuite mon bureau pour passer dans les autres services, prendre un peu de temps avec les équipes, son baroud d'honneur en quelque sorte!

En fin de journée, je rejoins Simon dans son bureau pour l'accompagner à la porte de sortie. Je le regarde partir, puis il revient soudain sur ses pas pour me dire d'une voix forte:

— Rappelle-toi de ce que je vais te dire, si un jour tu ne te sens plus à ta place, si tu perds la motivation, si tu guettes les signes de considération qui ne viennent pas, ne fais pas comme moi, n'attends pas, et pars sans te poser de question.

Je n'ai pas trop le temps de me laisser aller à des réflexions philosophiques, car je suis vite rattrapée par le rendez-vous avec le client Shoe Shoe, fixé le lendemain. Je le rappelle à Sacha juste avant de partir. Il me confirme avoir noté que nous nous retrouverions devant le magasin une vingtaine de minutes avant, pour réviser rapidement la stratégie d'approche mise en place. Il affiche ouvertement sa certitude de me voir échouer et se réjouit d'avance de la déconvenue que je devrai assumer.

Le lendemain, nous nous retrouvons au lieu indiqué et je lui renouvelle les consignes établies : il me laisse mener l'entretien et n'intervient pas dans le déroulé du discours commercial. Il est dans la provocation avec moi, par son comportement, et se délecte à l'avance de l'échec programmé dans ma tentative de rattrapage du dossier. Je ne réussirai pas là où il a failli, il en a la certitude et je commence sérieusement à douter.

Nous entrons du même pas dans le magasin. Le gérant se dirige vers nous pour nous accueillir. La partie démonstration du logiciel a déjà été assurée par Sacha, je reprends donc la partie où elle s'est arrêtée :

— Bonjour, je suis Karine, responsable commerciale Retail Log, et comme convenu je voulais vous parler du tout nouveau logiciel fidélisation, et de l'Offre Privilège sur laquelle nous communiquons actuellement.

— Je vous écoute alors, même si je vous ai déjà dit au téléphone que je ne donnerai pas suite au projet d'informatisation dans l'immédiat. Alors, de quoi s'agit-il ?

Sacha se trouve à mes côtés et il n'est nul besoin de le regarder pour percevoir l'état de jubilation qui doit le parcourir. Je le raye de mon champ de vision, fais abstraction de sa présence et poursuis l'entretien mal engagé avec le client.

— Nous offrons la fonctionnalité fidélisation client pour toute commande du logiciel avant la fin du mois.

— Ah oui, c'est intéressant en effet, mais c'est encore trop tôt pour moi, rappelez-moi dans quelques mois, on refera le point ensemble !

— Très bien, nous vous remercions pour votre accueil, nous ne manquerons pas de vous tenir informé des prochaines offres. À bientôt.

Sacha et moi prenons congé du commerçant qui nous raccompagne à la porte en nous lançant :

— Merci d'être passés tous les deux, le système que vous proposez est génial, mais pour l'instant il est hors budget.

Je saisis immédiatement la lacune du dossier, on a parlé des performances du produit en occultant complètement la partie financement, budget, trésorerie. Cet élément constitue un des paramètres fondamentaux de la signature de commande et on est passés à côté. Je m'adresse aussitôt au client :

— Est-ce à dire que si le système correspondait à votre budget, vous informatiseriez votre magasin, avec notre logiciel ?

— Je ne sais pas, il faut voir !

— Et si on envisageait cette mise en place sous forme de location longue durée sans apport de trésorerie, juste un loyer à payer.

— Ah, eh bien c'est clair que ça change tout !

— Vous permettez que nous nous asseyions pour en discuter ?

À partir de là, la situation prend une tout autre tournure, le client se laisse tenter par le mode de financement proposé et signe le bon de commande.

Sacha m'exprime son admiration pour la prouesse accomplie, et il est sincère. Je ne veux surtout pas qu'il se méprenne sur la joie que j'extériorise comme une victoire sur le défi qu'implicitement je me suis lancé à son encontre, mais plutôt qu'il s'inspire de ma façon de mener la négociation pour la reproduire sur ses futurs dossiers. Il prend un air grave et me dit alors :

— Écoute, je viens juste de me rendre compte que ce métier n'est pas fait pour moi, je m'arrête là ! Je n'ai pas cette aptitude à rebondir ni même celle de prospecter. J'ai essayé, mais je dois trouver ma voie, la vraie !

Je n'en reviens pas de cette nouvelle annoncée, comme ça au beau milieu de la rue, et en même temps je partage son sentiment.

Le lendemain à mon arrivée, les trois « compères » commerciaux sont en pleine discussion dans l'espace commercial, ils parlent fort, mais je n'arrive pas à déterminer le sujet du débat. Chacun d'entre eux a rendez-vous avec Laurent cet après-midi, et je suppose qu'ils sont en réunion de crise.

Je les rejoins, pour aborder avec eux l'issue heureuse apportée au dossier traité en binôme, et mon erreur d'appréciation commise en n'abordant pas la partie financement. Ils prennent l'information avec indifférence et semblent embarrassés ; Sacha s'adresse alors à moi :

— Karine, je parle au nom de l'équipe, au regard des bonnes relations que nous avons créées avec toi. Nous voulions te signaler que nous allons demander à Laurent de mettre fin à notre période d'essai.

Chacun d'entre eux développe les raisons qui les poussent à partir, l'ingratitude du métier, le salaire qui peine à évoluer, le stress, la combativité pour valider une commande, la difficulté du terrain et du porte-à-porte, la prospection téléphonique, la tension nerveuse, tout y passe. Ils me remercient pour la patience dont j'ai fait preuve à leur égard, la complicité qu'on a installée dans nos relations et m'assurent garder un excellent souvenir de cette collaboration. Je les félicite à mon tour sur la bonne volonté dont ils ont fait preuve dans la réalisation de leur tâche, et leur souhaite bonne continuation avec réalisation de tous leurs projets aussi bien professionnels que privés.

Cette fin annoncée du service commercial dans lequel j'avais placé tant d'espoir, pour lequel j'avais tant donné, me perturbe fortement et confirme le constat d'échec. Une fois de plus, Laurent a privilégié le vite fait plutôt que le bien fait en m'imposant de constituer une équipe de vente, alors que je n'ai strictement aucune notion de recrutement ; c'était perdu d'avance.

8.

Marketing et Commercial, les deux frères ennemis

Laurent juge que notre communication laisse à désirer. Il nous annonce qu'une nouvelle personne va rejoindre la société pour créer une image plus percutante de nos produits et en mesurer l'efficacité sur les retours chiffres d'affaires. Il nous demande de lui réserver le meilleur accueil, car elle nous fait l'honneur de sa compétence qu'elle a longtemps mise au service d'une entreprise internationale.

La gestion des services commercial et marketing est à manier avec précaution et exige une parfaite cohésion d'unité.

La bonne entente entre ces deux entités par le biais de leurs actions respectives laisse entrevoir à l'entreprise une hausse du chiffre d'affaires. J'accorde toute importance à ce recrutement, car je serai amenée à travailler en étroite collaboration avec la nouvelle collègue. J'attends avec impatience le jour de la présentation.

Céline fait une entrée fracassante chez Retail Log. Une réunion est organisée pour lui souhaiter la bienvenue et lui permettre de nous présenter sa stratégie de communication. Je ne peux m'empêcher de me fier à mon instinct qui m'alerte sur l'attitude de la nouvelle venue. D'abord, un regard dépourvu de toute expression bienveillante, fermé, froid, où le sourire peine à trouver sa place. Les traits de son visage, associés à l'impression qu'il dégage ne laissent rien apparaître de chaleureux, ni de bienveillant.

Elle se lance dans une rapide présentation d'usage et décide de nous projeter sur le devenir de l'entreprise, qu'elle a dans l'idée de hisser vers des hauteurs internationales, dans un laps de temps très court. Laurent boit ses paroles alors que nous affichons un scepticisme non dissimulé. Elle adopte un ton, une attitude, de grand maître de la communication, qui va transformer par sa seule performance notre citrouille en carrosse. Elle nous vend du rêve et déclare la récréation terminée en sonnant la fin de la réunion. Tous aux abris !

Le salon du prêt-à-porter se profile déjà et, à coup d'annonces plus flamboyantes les unes que les autres, Céline se propose de révolutionner l'évènement à hauteur de ses compétences plus que reconnues dans le milieu. Nous nous attendons au pire. Elle a juste oublié que notre société est de petite taille avec des budgets réservés et limités à chacun des services, à mille lieues d'une multinationale.

Un après-midi, Laurent me demande de les rejoindre, Céline et lui, dans son bureau, pour lui donner mon avis sur les ébauches de communication. Je les trouve concentrés en pleine séance de travail, la table de réunion encombrée de documents en tous genres. Ils se lèvent pour m'accueillir et venir au-devant de moi. Elle me tend alors, sans mot dire, à la manière du général des armées qui remet la feuille de route à ses troupes, une ébauche de brochure commerciale.

Je survole le contenu et manque de m'effondrer sur place. J'ai sous les yeux des mots mis les uns à la suite des autres, des couleurs, polices et tailles différentes, empruntés au jargon complexe de l'informatique, se détachant sur un fond de dégradés de couleurs. C'est un rébus qu'elle me donne à déchiffrer et là, je n'ai pas trop le cœur à jouer.

Ma plaquette commerciale actuelle a le mérite de délivrer un message simple et facile d'interprétation pour le commerçant de détail. Une illustration du matériel, un descriptif détaillé des fonctionnalités du logiciel et les conditions de financement qui le renseignent dès la première lecture sur la nature de notre offre. J'use toutefois de diplomatie pour marquer ma désapprobation à ce projet de communication sur mes prospects :

— Je suis désolée, mais je ne comprends rien au message que vous souhaitez délivrer par cette communication. On ne sait ni ce qu'on vend, ni à qui on le propose. On a toujours respecté la trame de « l'annonce, l'accroche, la signature ». On ne la retrouve pas là !

— Désolée Karine, chacun son métier, son expertise, il faut dépoussiérer cette communication artisanale, indispensable stratégie si on veut s'élever à des hauteurs internationales.

Je suis partagée entre l'envie de rire, de laisser s'échapper les mots crus qui se bousculent dans ma tête pour lui être livrés sans aucun filtre ou celle de claquer la porte et m'en retourner à mon bureau, leur signifiant, d'une manière ou d'une autre, que je ne laisserai pas ce torchon à mes prospects. Je choisis de lui répondre et de le lui signifier directement.

— Mais bien sûr, chacun son métier, mais à partir du moment où tes actions entravent ma façon de générer mon revenu, puisque cela a une incidence certaine sur mon chiffre d'affaires, j'ai mon mot à dire. Je vous informe donc que je n'utiliserai pas ces plaquettes commerciales !

Laurent sent poindre l'orage et tranche enfin :

— OK, OK, tu gardes tes plaquettes pour tes prospections et on prendra celles de Céline pour les grands comptes et pour le salon.

— Merci.

Je rejoins à la hâte mon bureau. Fin du premier round !

Céline s'échine à déterminer les budgets communication qu'elle compte bien investir dans la version revue et corrigée du salon du prêt-à-porter. Elle a au moins le mérite de suivre la cohérence de ses visées internationales, en prenant Laurent pour Rockefeller et s'amusant à nous citer des chiffres plus faramineux les uns que les autres à ajouter au poste des dépenses liées au marketing.

Non contente d'ignorer la cible constituée par nos clients, elle méconnaît Laurent qui, si pour l'instant, consent à l'écouter, aura plus de réticences le moment venu pour s'acquitter des factures qu'elle s'apprête à semer à tout vent.

Elle affectionne tout particulièrement flâner dans les locaux de l'entreprise et entamer des échanges avec les services, sur leur mode de fonctionnement, sans s'enquérir au préalable de notre disponibilité du moment. Son comportement nous intrigue et nous incite à nous poser la question de la nature précise de son poste. Nous adoptons tous le comportement de l'évitement et sommes en pleine guerre de tranchées. Sitôt apparaît-elle dans notre champ de vision que nous nous précipitons dans un bureau ami, prêt à nous accueillir pour laisser passer l'ennemie.

Le salon du prêt-à-porter arrive à grands pas et avec lui, un surplus de travail impressionnant, en ajoutant à mes tâches quotidiennes les mailings et appels aux prospects que je souhaite inviter sur notre stand. Laurent convoque tous les services à une réunion extraordinaire pour les préparatifs de l'évènement qui revêt une importance capitale pour nos perspectives de chiffre d'affaires. La concurrence est rude, innovante et bien décidée à tout emporter sur son passage. Il nous prévient que Céline nous livrera les grandes lignes de son Plan Marketing. Je crains le pire, mais je n'ai pas le temps de me disperser pour des broutilles quand il y a tant à faire.

C'est bien connu, on sait toujours quand les réunions commencent, jamais quand elles finissent. Autant dire que nous nous y rendons tous en traînant les pieds.

Sitôt avons-nous pris place autour de la table de présentation du showroom, que Céline fait son entrée, prête à conquérir son audience. Elle se place en bout de table, réclamant notre attention par son seul jeu de regard.

Elle se met soudain à sautiller sur place, à taper des mains, avec frénésie, nous montrant par-là même qu'elle sait rire et s'en donne à cœur joie. Nos mines décontenancées, atterrées ne la troublent pas dans ce préambule interminable. Elle sort ensuite d'un sac d'emballage des grappes d'objets qu'elle déverse sur la table, en criant « Surprise ! Surprise ! » et distribue à chacun d'entre nous des stylos au logo Retail Log. Nous sommes impressionnés par cet esprit d'innovation, de recherche, mais surtout inquiets de la joie qu'elle manifeste en dévoilant à Laurent le fruit de son travail après deux mois de maturation, un stylo !

Je me saisis de l'objet, l'examine, le tourne entre mes doigts, et par réflexe me mets à griffonner sur mon bloc-notes. Problème, il n'écrit pas ! Je m'en saisis d'un autre, même constat !

— Céline, juste une petite remarque, ils sont très beaux ces stylos, mais ils n'écrivent pas, c'est normal ?

Elle ignore ma question, pose à plat ses deux mains sur la surface vitrée de la table, se hisse sur ses avant-bras, et nous enjoint de suivre ses consignes avec une euphorie presque malsaine :

— Allez-y, appuyez sur le petit bouton, allez-y !

Alors on s'exécute, on manipule le stylo et ô miracle, il clignote, en diffusant une jolie lumière bleue. Miss Gadget se trouve à présent dans un état d'excitation indescriptible, peut-être le même que celui de l'inventeur de la bombe à neutrons le jour de sa trouvaille. Elle nous encourage du geste et du regard à répéter le jeu du bouton. Je me trouve dans un état second. Elle n'a même pas ce qu'il faut de raison pour admettre que dans un salon où on joue intensément du stylo, il est important que ce dernier fonctionne.

Elle enchaîne ensuite avec l'organisation de l'évènement tel qu'elle l'envisage et là encore, nous ne sommes pas au bout de nos surprises. Nous nous soutenons tous du regard, consternés, mais la plus impactée par les lubies de Madame Je-Sais-Tout, c'est bien moi. Mon chiffre d'affaires de l'année dépend de la réussite du salon, et là, ce n'est pas gagné.

Imperturbable aux signes d'impatience que nous exprimons bruyamment, elle finit par conclure sa présentation en nous faisant part de sa présence les quatre jours de salon.

— Avez-vous des remarques ou observations quelconques ?

J'interviens d'une voix blanche :

— Oui, tu nous dis qu'il faudra distribuer les stylos à chaque visiteur du stand. Le fait qu'ils ne fonctionnent pas ne pose définitivement pas de problème, alors ?

— Absolument pas ! J'ai eu un souci avec l'usine de fabrication chinoise, mais l'important c'est qu'ils clignotent !

— Ah tu me vois rassurée, j'ai eu peur un instant que des stylos qui n'écrivent pas représentent un gros problème, tu as raison, c'est juste une peccadille, trois fois rien, y a même une originalité dans le concept, il n'écrit pas, mais il clignote, il fallait le trouver ça ! Non franchement, Respect ! Bravo !

Fin de la réunion. C'est désormais une certitude, tel Attila, là où Céline passe, les services trépassent !

Le salon ouvre ses portes. Nous voici à nos postes sur le stand, les visiteurs se pressant à l'entrée principale. Pour l'occasion, certains de mes collègues sont réquisitionnés pour nous prêter main-forte. La stratégie est bien réglée, chacun respecte sa partition, et tout fonctionne à merveille. Nous nous affairons pour l'heure aux dernières petites mises en place sur le stand et, nous l'avions presque oubliée, Céline arrive d'un pas décidé avec un emballage cylindrique volumineux qu'elle pose avec précaution sur le meuble de présentation.

Elle demande aussitôt l'assistance des techniciens sur place pour positionner la banderole, qu'elle déroule avec délicatesse. Elle prend un peu de recul pour admirer sa réalisation qui nous plonge dans un état de sidération complète. Le mur est à présent recouvert de hiéroglyphes, de termes techniques, de symboles sans aucun rapport avec le produit que nous représentons et je reconnais aussitôt le contenu de la brochure commerciale que j'avais rejetée sans ménagement dans le bureau de Laurent. Elle a de la suite dans les idées, Madame Champollion. Elle abandonne aussitôt l'objet de sa contemplation pour se diriger vers les meubles de présentation et dispose à côté de chacun des systèmes d'encaissement un petit boîtier blanc. Intrigués, nous formons un cercle autour d'elle pour lui demander de plus amples explications sur ces curieux petits dispositifs. Céline adore ménager le suspense et là, c'est intenable :

— Et voilà la dernière surprise !

— Oui, et à quoi servent ces petits boîtiers ?

— C'est le Diffuseur Parfum, sitôt aurez-vous sorti un ticket de caisse, lors de votre présentation, le boîtier pulvérisera une senteur que l'on peut choisir dans un catalogue très fourni. Vous allez voir, c'est génial ! Là, je vous ai mis senteur agrumes, vous sentez ?

Le malaise me guette. Alors que nos concurrents déploient ingéniosité et autres innovations technologiques, nous nous distinguons par des stylos lampes qui n'écrivent pas, et un « pschitt » senteur pamplemousse, il est vraiment bien parti ce salon.

Profonde inspiration, pour calmer la nervosité qui commence à me gagner de façon dangereuse. Je préfère démarrer par ma tournée de courtoisie auprès des concurrents que je vais saluer, comme il est d'usage à chaque tenue de salon. Ce moment d'échange avec eux est toujours un pur moment de convivialité, petite parenthèse amicale de forte intensité.

Les premiers visiteurs commencent à affluer dans les allées, il est temps pour moi de rejoindre mon stand. Je suis attendue de pied ferme par Céline qui fait les cent pas devant notre emplacement, fulminante de rage, et un regard noir qu'elle plante dans le mien. Elle m'attaque de front, sèchement, et ignore que le retour à l'envoyeur est ma spécialité dans ce type de situation. L'effet « boomerang » va la cueillir de plein fouet.

— Tu as deux minutes ? Je t'attendais. Je t'ai vue parler avec les concurrents !

— Oui, et?

— Et, ça ne se fait pas!

Étincelle sur le pain de dynamite et, forcément, ça explose.

— Alors Miss Gadget, on va mettre les choses au point tout de suite. Le chiffre d'affaires de ce salon repose sur mes épaules donc tu as intérêt à te faire toute petite. Voilà sept ans maintenant que je salue mes concurrents et je ne suis pas près de changer la pratique. Pour ce qui te concerne, je ne saurais que trop te conseiller de réfléchir à ta manière de rattraper ta seule action dans l'entreprise, bâclée par l'achat de mille stylos défectueux. Sache que ça, même si Laurent ne dit rien, il ne va pas aimer du tout! Pour le bon déroulé de ce salon, je te demande de ne plus m'adresser la parole!

La vive teneur de notre échange n'a pas échappé aux collègues présents sur le stand. Elle est vexée et adopte une position de repli, sans mot dire, en se réfugiant sur le siège le plus isolé, tout au fond du stand.

Les visiteurs se massent par groupes devant la banderole et, visiblement, ne saisissent pas le message. Certains d'entre eux extrapolent sur le produit que nous représentons, pendant que les autres s'accrochent à notre regard pour un décodage rapide. Le salon s'achève victorieusement et malgré les déconvenues, porte ses fruits sous la forme de nombreux bons de commande, et de fiches prospects à traiter. J'en ai presque oublié Madame Marketing, qui n'a pas bougé de son poste d'observation durant toute la durée de l'exposition, à notre plus grand plaisir.

Les retours de salon sont toujours animés. Chacun s'affaire aux tâches suspendues pendant une semaine, et un travail colossal nous attend. Nous notons une légère distance dans les relations entre Céline et Laurent, qui commence à prendre une allure glaciale. C'est plus fort que nous, mais nous ne pouvons que nous en réjouir. Quelques jours plus tard, Céline passe la porte de mon bureau pour me parler et me fait l'honneur de me choisir pour confidente… J'ai ce don de toujours attirer à moi les situations les plus improbables. Elle me fait part de son incompréhension sur le comportement de Laurent, ressent une profonde injustice et ne sait que faire pour rétablir l'ordre des choses. Son désarroi me touche. J'essaie de trouver quelques mots de réconfort et lui désigne d'un mouvement de tête la porte de la direction, comme seule réponse. Peu de jours après, elle annonce officiellement aux équipes qu'elle a choisi de mettre fin à la collaboration avec Retail Log, et c'est bien la seule fois où nous nous sommes rangés unanimement à sa sage décision.

9.

Le Roi Soleil

Laurent nous annonce officiellement le départ de Céline sans invoquer de raison précise. Nous opinons de la tête pour ne pas sauter en l'air et, forts de cette information capitale, regagnons à la hâte nos bureaux.

Je retourne à mon travail qui s'annonce tendu. En effet, Julien, le gérant des huit magasins Marques au But a validé avec moi l'installation d'un nouveau point de vente prévue pour la fin de semaine. Je joue avec de la nitroglycérine.

Ce garçon est caractériel : il hurle pour parler, ne possède aucun des rudiments de politesse, ne sait pas, ne veut pas savoir. J'ai la faculté de le maintenir à distance en le rabrouant quand il dépasse la limite, mais chaque entretien avec lui prend une tournure de lutte sans merci et je n'ai pas toujours la force et l'envie de gérer son tempérament de feu. Les autres services paniquent à la seule idée d'avoir à lui passer le moindre coup de fil. C'est un enfant gâté, qui exige de nous la réalisation de ses quatre volontés sous le seul prétexte qu'il soit client !

La première dans sa ligne de mire se révèle être Audrey, notre nouvelle responsable du service administratif. Elle gère le standard téléphonique et endosse la délicate mission de réceptionner ses appels, rarement destinés à nous dispenser louanges et éloges. Il a également la particularité de pratiquer de main experte le raccrochage intempestif, sa façon bien à lui sans doute de mettre fin à l'entretien sans perdre de temps.

Audrey arrive en trombe dans mon bureau et c'est bizarre, mais j'ai la sensation de savoir, avant même qu'elle ne parle, que la tornade « Julien » a encore frappé. Je me prépare à l'annonce de la catastrophe.

Elle est en panique totale.

— Il m'a hurlé dessus et m'a raccroché au nez !

J'ai envie de dire « classique », on a l'habitude. Rien de nouveau ! La question qui me vient là, tout de suite, est bien « pourquoi ? ». Il m'avait appelée en début de semaine pour les dernières formalités de son installation et avait abordé un ton on ne peut plus cordial.

— Oui, mais il y a eu un problème à l'encaissement dans un de ses magasins et il veut que nous intervenions tout de suite. Mais on ne peut pas, les techniciens sont tous en intervention.

— Eh bien, voilà ce que tu dois lui dire.

— J'ai essayé, mais il me traite de tous les noms, nous menace de changer de système.

— Lui as-tu précisé que la dernière urgence pour laquelle il nous a demandé d'intervenir relevait de sa seule faute, avec les trombones tombés inopinément dans le boîtier de l'imprimante ticket ?

— Mais il ne me laisse pas le temps de parler, il m'a très mal parlé, je ne peux plus supporter d'être traitée comme ça ! C'est simple à comprendre, ça ?

Et c'est vrai qu'elle vit très mal cette situation, Audrey ! Elle ne possède pas la répartie pour enjoindre le client à calmer son ton et ses propos. Laurent est absent aujourd'hui et je sens bien que ce problème va atterrir sur mon bureau. Je tente de la calmer comme je peux, lui conseille de retourner à son poste, de travailler sur ses autres tâches et de remettre au lendemain l'évocation du cas Marques au But avec la direction. Affaire classée, du moins j'essaie de le croire fortement !

Un peu plus tard dans la matinée, je m'accorde une petite pause après une négociation ardue avec un client récalcitrant, ma patience est largement sortie de ses limites et je suis à prendre avec des pincettes. C'est l'instant précis que choisit Audrey pour me transférer un appel de Julien, sans même s'enquérir de ma disponibilité immédiate pour le gérer. Elle est dans l'incapacité totale de lui adresser le moindre mot et je me retrouve dans l'obligation, bien malgré moi, d'assurer la relève. Solidarité avant tout !

— Vous pouvez me dire de qui vous vous foutez ?

J'ai l'habitude, c'est juste sa façon chaleureuse de dire bonjour !

— Bonjour, Julien, oui Audrey m'a prévenue du souci rencontré en caisse. On s'en occupe dans les meilleurs délais ! Ne vous inquiétez pas !

J'adopte un ton rassurant, un peu comme celui utilisé par les négociateurs dans les prises d'otage.

— Mais vous ne pigez pas, je n'en ai rien à foutre de vos excuses à deux balles. J'exige que vous interveniez immédiatement !

— Julien, je vais vous demander d'adopter un autre ton. Je ne sais pas parler la vulgarité, et ça peut devenir problématique dans nos échanges. Nos techniciens sont indisponibles, mais ont prévu de vous rappeler demain. S'il s'agit encore de trombones dans l'imprimante, ça pourra attendre.

— Mais vous êtes qui pour me dire d'adopter un autre ton ? Je suis client je vous rappelle, et je n'ai aucun compte à vous rendre. Vous êtes à mon service.

— On a plus de mille clients et vous êtes devenu à vous seul la terreur de la société. On n'est plus à l'époque de Louis XIV qui tapait dans ses mains en signe d'exécution à l'égard de ses sujets. Nous ne voulons plus vous compter parmi nos clients, justement. Je vous redonne votre liberté. Notre collaboration prend fin aujourd'hui, j'annule l'installation de jeudi. Vous aurez ainsi tout le temps de trouver un nouveau partenaire informatique. Game Over. C'est fini !

Et je lui raccroche au nez, avec cette fin de partenariat signifiée, qui m'a échappé. Marques au But représente un chiffre d'affaires non négligeable pour notre société et je viens, sur un coup de tête, de l'en priver. De plus, Julien est influent dans le milieu du prêt-à-porter. Tous les commerçants le connaissent et une mauvaise publicité de sa part pourrait avoir des effets dévastateurs sur mon travail au quotidien.

Je sais tout ça et, pourtant, ne regrette en rien les effets de mon emportement. J'assumerai auprès de Laurent, quelle qu'en soit la conséquence, même si au moment où j'y pense, je n'en mène pas large.

Je rejoins Audrey à l'accueil et l'informe des derniers retentissements de l'affaire. Elle est partagée entre la gravité d'une situation qui risque de m'exploser à la figure et la joie de m'avoir vu donner une bonne leçon à celui que tout le monde au bureau appelle désormais Le Roi-Soleil.

Je me prépare à appeler Laurent, pour le tenir informé de la situation, on ne peut plus épineuse. Il est imprévisible dans ses réactions, je le sais et ça me trouble fortement. Plus une minute à perdre, je décide de régler cette affaire le plus rapidement possible.

— Allô, Laurent, c'est Karine, je ne te dérange pas ?

— Jamais.

Cette réponse à la plupart de mes appels m'envoie toujours des signaux de soutien, de bienveillance. C'est tellement rassurant et réconfortant cet accueil d'écoute, au moment où on en a le plus besoin.

J'essaie de ne rien oublier dans le déroulement de l'évènement du jour, avec large description de l'état d'Audrey au moindre appel du client. Il ne dit rien, c'est toujours comme ça quand il réfléchit, et ce silence m'impressionne, remettant en question mon assurance dans l'aboutissement de ce dossier.

— Tu as très bien fait, nous n'avons pas à accepter tel type de comportement chez un client. Le respect est le maître mot chez nous, son statut de client ne l'autorise pas à dépasser les limites. On ne courbera jamais le dos, tu m'entends ! On en reparle demain au bureau, mais je suis fier de toi !

Laurent soutient ses équipes quand elles sont dans leur bon droit et considère le commerçant plus comme un partenaire que comme un client, instaurant ainsi une relation égalitaire. Nous travaillons avec eux en parfaite harmonie, puisque chacun a besoin de l'autre.

Le lendemain matin, dès mon arrivée au bureau, je tranquillise Audrey sur la nature de mon entretien avec Laurent et la rassure sur le fait que la journée peut ainsi commencer sous les meilleurs auspices. Elle n'a plus à gérer le compte Marques au But pour l'instant. Arrivée dans mon bureau, je reprends aussitôt l'étude du dossier du client de la veille et du devis peu conforme à ses attentes. La sonnerie de mon portable personnel me dérange dans mes calculs de remise exceptionnelle, avec un numéro inconnu qui s'affiche sur l'écran. Je m'astreins à ne jamais répondre à ces appels masqués qui me prennent mon temps, me déconcentrent, pour finalement m'énerver. Je pense à tout ça et pourtant je décroche, l'air très engageant, comme je sais si bien faire pour qu'une conversation téléphonique prenne fin rapidement :

— Oui j'écoute !

Silence, à l'autre bout de la ligne, technique bien connue des robots-appeleurs pour qualifier votre numéro, je m'apprête à raccrocher avec véhémence quand j'entends :

— Allô, Karine ?
— Elle-même.

Je ne reconnais absolument pas mon discret interlocuteur et demande :

— Qui est à l'appareil ?
— Le Roi-Soleil !

Il me prend de court et je n'aime pas être déstabilisée. J'essaie de reprendre le fil de la conversation inachevée de la veille et comprendre le but de son appel, tout a été dit ! Sa réponse me fait pourtant sourire, elle prouve à quel point mon message est bien passé, et c'est un très bon point ça !

— Pourquoi m'appelez-vous sur mon portable ?
— Parce que vous n'auriez pas accepté l'appel si j'étais passé par le standard !

Pas faux !

— Bon d'accord, que voulez-vous ?

— Il faut maintenir l'installation de jeudi.

— Ah non, je ne crois pas !

— Je suis désolé, ça vous va ? Je vous présente mes excuses.

— Ce n'est pas suffisant, vous avez largement dépassé les limites, mis à mal la valeur de respect et c'est juste intolérable.

— Je sais, je me suis emporté plus que de raison.

— Écoutez, j'ai pour habitude de toujours accorder la deuxième chance, toujours ! J'accepte vos excuses, comme un nouveau départ dans les relations que nous entretiendrons à l'avenir, mais nous ne pourrons procéder à l'installation à la date prévue. Je vous propose la semaine suivante, même jour, même heure, ça vous conviendrait ?

— Oui, bien sûr et merci encore.

La date initiale d'installation aurait pu être maintenue, mais je tenais à reprendre le contrôle de la situation en lui signifiant que nous seuls sommes à même de déterminer la programmation d'une mise en place.

Je tiens Audrey informée du dénouement heureux de l'affaire Roi-Soleil, lui demandant de reprendre contact avec lui pour le maintien de l'installation et je retourne à mes devis, avec la conscience du bon travail accompli.

Laurent arrive en cours de journée dans mon bureau, satisfait de ma manière d'être arrivée à bout de ce dossier pour le moins délicat. J'apprendrai par la suite que Julien a présenté ses excuses à toutes les équipes !

J'apprécie la part de liberté qui nous est laissée dans la gestion des soucis au quotidien. Laurent encourage les initiatives, les prises de responsabilité. J'ai appris mon métier grâce à cette politique d'entreprise. Je suis indépendante, autonome, j'ai ma propre façon de fonctionner et n'ai jamais été contrée de quelque façon que ce soit dans l'exercice de mon métier. Je pense aussi qu'elle vient de là, mon assurance qui peut quelquefois frôler l'audace.

10.

Les prospections « Psy »

La prospection terrain demeure la technique de prédilection pour la qualification de potentiels futurs clients. Le porte-à-porte nous met au contact du client et installe tout de suite une relation de proximité, dans l'échange qui se met en place, au cours duquel le commercial écoute, conseille et personnalise sa réponse. C'est du sur-mesure !

La visite surprise n'est pas toujours bien accueillie et peut être assimilée à du forcing, une forme d'intrusion que le commerçant réprouve fortement. Nous nous retrouvons face à une personne avant un client, qui peut être en proie à des problèmes émotionnels ou de toute autre nature annihilant toute tentative de présentation de produit. Je crée un relationnel privilégié avec mes prospects, en laissant une grande place à l'humain dans mes échanges avec eux, le commercial suit, en découle. Toujours dans cet ordre !

Je ris souvent en pensant à la flamboyante carrière que j'aurais pu mener, si seulement j'avais pu adjoindre une carte de visite d'assistante sociale. La situation prête aux échanges et peut prendre une tournure personnelle qui place le commercial dans une position de témoin, bien plus que de vendeur. Mon caractère optimiste et dynamique incite à la confidence. Je n'y peux rien, c'est ainsi, même auprès des membres de mon entourage professionnel ou privé. Je ressens l'émotion de l'autre et la fais mienne pour partager son sentiment du moment.

L'empathie éprouvée pour mes clients me fait adopter un langage plus sincère que celui mécanique, robotisé des commerciaux mercenaires qui quadrillent les quartiers de ville en se livrant à une prospection d'abattage. J'ai noué de belles relations amicales, rencontré des personnes formidables, reléguant quelquefois même le motif initial de la rencontre au second plan. Vendre oui, mais après avoir établi les relations humaines de base. C'est ma règle !

Après-midi de prospection aujourd'hui. Sacoche à l'épaule, les au revoir d'usage aux collègues qui m'inondent d'ondes positives pour le périple qui s'annonce. Ils sont toujours intrigués par cette pratique de démarchage et mesurent la difficulté de s'inviter à l'improviste chez des commerçants qui, l'instant d'avant, ne vous connaissaient même pas, pour parvenir à leur vendre un système d'encaissement. Ils m'appellent la Fée Retail Log !

Un rayon de soleil illumine les trottoirs de la capitale. J'ai choisi un beau quartier pour la prospection de cet après-midi. Les terrasses de café sont bondées, à se demander si ces personnes travaillent à un moment ou à un autre. Une animation non contenue bouillonne autour de moi et je me charge de cette énergie ambiante pour aborder la tournée gagnante.

Le temps passe très vite quand on s'adonne pleinement à l'activité. L'heure tourne et on n'a de cesse que de visiter tous les commerçants de la rue pour avoir la conscience du travail accompli, celle-là même qui fait regagner son domicile en parfaite sérénité. J'aborde ma dernière visite, et pousse la porte d'un magasin créateur de prêt-à-porter. L'endroit, magnifiquement décoré, regorge de pièces uniques, d'accessoires colorés et d'autres articles tendances et actuels. Superbe boutique !

J'aperçois à la caisse, au fond de la boutique, la commerçante, qui semble terminer un entretien téléphonique. Je patiente et joue les clientes des beaux quartiers en attendant de pouvoir lui parler. Pas de système informatique en vue, je suis au bon endroit ! Elle me fait signe et la conversation semble toucher à sa fin. Soudain, je note des aigus dans la tonalité de sa voix et une intonation peu propice à des échanges chaleureux qui, d'un coup, s'écroule en cascades de larmes et de cris. La bonne heure au bon endroit, c'est tout moi, ça ! Je voudrais bien filer à l'anglaise, mais elle avance déjà vers moi.

— Excusez-moi, excusez-moi Madame, puis-je vous renseigner ?

J'ai devant moi une femme bouleversée avec un mascara qui laisse de belles coulées noirâtres sur son visage. Je ne peux décemment pas dérouler mon argumentaire. Je décide de lui livrer la version accélérée.

— Non, mais en fait, il n'y a pas d'urgence, je me rapprochais des commerçants du quartier pour leur proposer une solution informatique clé en main, pour leur magasin. Ce n'est pas grave, je repasserai. Je ne veux pas vous déranger ! C'est assez gênant d'ailleurs !

— Ah oui, j'y pensais en plus !

Comme pour sortir de son esprit la teneur de la conversation téléphonique qui l'a mise dans cet état, elle me pose des questions en parfait décalage avec la situation du moment. Je décide de prendre congé de la cliente en lui précisant que je reviendrai dans le quartier et que ma première visite sera pour elle.

Elle triture son mouchoir jetable, en tamponne son regard larmoyant et me dit :

— Je suis vraiment désolée que vous ayez assisté à ça ! Moi c'est Annabelle, et vous ?

— Karine ! Non, non je vous assure, ne vous en faites pas, j'espère juste que les choses vont vite s'arranger pour vous !

Pourquoi ai-je ainsi ouvert la porte aux confidences, au lieu d'abréger les au revoir ?

— Vous vous rendez compte, il part avec une gamine après dix ans de mariage ! Vous êtes pressée, là ?

Non pas du tout, la nuit est à nous ! Je pense ça, mais cette femme m'émeut, me fait toucher du doigt la place de l'humain dans les contacts noués au gré des prospections commerciales. Je vis une situation hors norme et lui apporte le soutien que je peux. Elle se lève ensuite pour me serrer dans ses bras, m'embrasser et me remercier mille fois pour mon écoute. Mon portefeuille client ne s'en est pas trouvé plus fourni, mais je suis fière de moi.

La vie sait aussi récompenser les bonnes actions et, quelques mois plus tard, Annabelle me rappellera pour informatiser sa boutique. Et elle sera radieuse !

Autre jour, autre aventure ! Nouvelle prospection. Nouvelle histoire. Et des anecdotes qui deviendront souvenirs. Je vis la comédie humaine en direct !

Il pleut ce jour-là, et mon humeur est parfaitement raccord avec le temps. Je ne suis pas motivée, j'ai laissé mon dynamisme et mon énergie au placard et j'aborde ma tournée visite en mode désabusée. Je me mets alors en pilote automatique et livre mon discours à la façon des concurrents que j'ai souvent tendance à décrier, en récitation. Le moment est mal choisi pour les commerçants qui ont à faire face à une crise économique passagère, provoquant la désertion des boutiques de la part de leur clientèle. Ils sont inquiets et s'en confient à moi, ce qui a tendance à me flanquer un coup plus dur au moral, car c'est bien connu : quand le commerçant va, le commercial va ! Et là, ce n'est pas vraiment ça ! Je tente le couplet revigorant du « ça ira mieux demain », sans grande conviction, suscitant quand même le petit sourire. Je les aime mes commerçants. Et ils me témoignent tellement la réciproque que je retrouve confiance et ma motivation revient au galop ! Il ne m'en faut pas plus !

La rue de Rennes aligne ses vitrines parisiennes les unes à côté des autres et offre ses terrasses de café aux touristes et promeneurs du quartier. À mi-chemin, je me trouve juste devant un magasin de chaussures imposant. Je me lance le défi d'obtenir du commerçant un rendez-vous prochain pour une démonstration du logiciel, juste afin de pimenter cette prospection qui se déroule dans une monotonie lancinante.

Je rentre d'un bon pas dans la boutique en direction du poste d'encaissement. J'y distingue bien le commerçant et marque un arrêt devant lui. Je détecte tout de suite le problème, il dort profondément. Je tempête mentalement sur les situations que je m'inflige et auxquelles je ne sais pas réagir. J'entame donc le repli salutaire qui me fera retrouver le chemin normal de ma prospection et décide de m'éloigner à reculons, afin de ne pas lâcher du regard le dormeur. Je suis presque arrivée au seuil de la porte qu'il se réveille et me fixe d'un air hagard attendant de ma part je ne sais quelle explication. J'ai presque envie de plaider non coupable tant je me sens prise en défaut et décide alors de laisser s'exprimer le côté professionnel de ma personnalité :

— Ne vous en faites pas Monsieur, je reviendrai.

— Mais non attendez, que puis-je faire pour vous, je ne sais pas ce qui m'a pris de m'assoupir comme ça. Je peux vous renseigner ?

— Je suis Karine, Retail Log et je me rapproche des commerçants pour leur proposer une solution informatique clé en main, ça vous intéresserait ?

Je pose la question machinalement, alors que j'ai déjà la réponse. Ma présence me semble presque incongrue dans ce magasin laissé à l'abandon, qui semble avoir perdu son âme depuis bien longtemps. Les modèles démodés de chaussures, le mobilier dérangé, les peintures décrépites plantent un décor en parfait décalage avec le système d'encaissement que je me propose de mettre en place.

— Ah intéressant, moi je suis Albert et voilà 30 ans que mon magasin et moi ne formons qu'un. On en a passé de bons moments ensemble, je lui ai tout donné et il m'a tellement apporté !

Je suis touchée par sa manière de personnifier son commerce. Il en parle comme de l'être aimé. Ça me trouble et m'attriste à la fois.

— Alors, dites-moi un peu, que pensent vos commerçants de la situation de crise qu'on traverse ? Je m'inquiète et commence à perdre la foi. Je suis fatigué de lutter avec la concurrence, les fournisseurs, la clientèle. J'ai même pensé à vendre, mais n'ai trouvé aucun acheteur !

— Allons, vous vous trouvez dans une des rues les plus commerçantes de Paris, c'est juste un mauvais moment à passer. J'ai moi-même tenu mon propre magasin de prêt-à-porter, il y a fort longtemps, et j'ai dû affronter les aléas qui grippent la machine et font douter. Il m'arrive encore de regretter cette période… comme vous, je l'ai aimée ma boutique !

Je n'ai pu m'empêcher de retenir un soupir, tant cette évocation a ravivé de beaux et lointains souvenirs. Je reviens à l'instant présent et Albert a quitté sa place pour venir au-devant de moi.

— Ah attendez, vous pouvez me garder le magasin cinq minutes s'il vous plaît ?

— Oui, oui, bien sûr !

Quelle étrange demande ! Je me dis qu'une envie pressante a dû prendre mon nouvel ami, et plutôt que de fermer le magasin, il a trouvé une solution plus pratique. Mes yeux s'attardent sur ce magasin, comme le vieux compagnon de route d'Albert. Ce qui me choquait au premier abord m'attendrit maintenant au plus haut point. Ils se ressemblent tous les deux, fatigués bien sûr, mais tellement empreints d'histoire et de sensibilité.

Le voici de retour. Et sans même me laisser le temps de réagir, il pose dans mes mains un trousseau de clés. Je l'interroge du regard sur ce présent insolite.

— C'est le trousseau de clés du magasin, il est à vous, je vous le donne, ou vous le vends pour une somme symbolique, je l'ai enfin trouvé l'acquéreur qui saura en prendre soin !

Il était parti dans l'arrière-boutique à la recherche de son seul et unique trésor qu'il me remettait, comme un relais, un acte de confiance. Et là, je suis juste partagée entre l'envie de rire et celle de laisser libre cours à l'émotion qui m'envahit, dans l'incapacité de prononcer le moindre mot. Il me dévisage pourtant dans l'attente d'une réaction de ma part :

— Je ne sais trop quoi dire, je suis extrêmement touchée par vos paroles. J'ai bien saisi la symbolique de votre geste. Vous souhaiteriez laisser votre magasin à la personne qui lui redonnera vie. Vous y êtes si fortement attaché que ça en devient émouvant ! Vous résisterez le temps qu'il faudra pour le céder en toute sérénité. Je n'ai aucun doute là-dessus ! Je vais devoir vous laisser, mais je suis vraiment ravie d'avoir fait votre connaissance. Merci et bonne continuation Albert.

Cette rencontre me fait brutalement toucher du doigt la notion du capital temps qui s'égrène en silence avec ses contraintes de changement de vie et son florilège d'émotions fortes.

Je suis retournée quelques années plus tard devant le magasin de M. Albert, il avait laissé place à une enseigne de téléphonie mobile, et au-delà du temps, de l'espace, mes pensées à cet instant précis ne furent que pour lui !

Un jour, un endroit et me voici place de la Nation. J'aime ce quartier populaire de Paris. On s'y sent bien ! Je décide aujourd'hui d'abandonner la principale avenue commerçante pour explorer les ruelles adjacentes. Celle-ci se présente à moi, alors je la suis. Des petites boutiques se côtoyant les unes les autres, des vélos qui circulent dans tous les sens, une certaine nonchalance dans l'attitude des passants : pas de doute, je me trouve dans un quartier bobo parisien. J'adore ça et ne regrette pas mon initiative vagabonde.

Une boutique se trouve au tout début de la rue, un petit boudoir parisien dédié à la lingerie en plein contraste avec les commerces sans prétention de la rue. L'agencement de cette boutique est juste impressionnant de beauté et de créativité, des murs matelassés de tissu, avec de petites niches éclairées par une douce lumière où sont exposés des pièces de lingerie fine, des maillots de bain et un magnifique canapé trônant au beau milieu des cabines d'essayage, le tout dans un dégradé de tonalités de roses qui plante le décor que je découvre. La commerçante visiblement occupée dans le rangement de divers papiers ne m'a pas entendue entrer. Je me dirige à sa rencontre vers le meuble de caisse, elle lève la tête et s'adresse à moi :

— Ah excusez-moi madame, j'étais concentrée sur la recherche d'un document administratif sur lequel je n'arrive pas à mettre la main, que puis-je faire pour vous ?

Je la félicite tout d'abord sur la décoration du magasin, comme une petite pause poudrée apaisante dans l'animation bruyante de la rue et lui livre ensuite l'objet de ma visite :

— Merci, c'est ma fille qui s'est occupée de la décoration, elle savait parfaitement ce qu'elle voulait et c'est elle également qui pourrait vous répondre sur l'intérêt que nous pourrions porter à votre système d'encaissement, attendez deux minutes, s'il vous plaît. Ludmilla, Ludmilla, tu peux venir s'il te plaît ?

Une jeune femme blonde, sortie tout droit d'un magazine de mode, nous rejoint et, avec un sourire éclatant, elle me tend la main et se présente :

— Bonjour, je suis Ludmilla, je vous ai entendue parler avec ma mère et effectivement un système d'encaissement pourrait m'intéresser.

Elle me dit ça, tout en arrangeant sa mise, touchant sa coiffure, pinçant ses lèvres pour les colorer devant le miroir baroque de l'accueil. Je reprends le cours de l'entretien :

— Parfait, nous allons convenir d'un rendez-vous démonstration pour la présentation du logiciel.

— Pour quoi faire ?

Cette réponse me déstabilise, car elle est peu courante et installe un sacré grain de sable dans ma mécanique bien huilée de l'approche commerciale :

— Eh bien, c'est indispensable pour vous permettre d'apprécier les fonctionnalités du logiciel, sa facilité d'utilisation.

Elle balaie ma réponse d'un revers de main.

— Non, c'est bon, je vous fais confiance, je veux un beau matériel, le top du top !

Je lui tends mon catalogue de présentation, dont elle tourne les pages, comme on tourne celles d'une brochure de voyages. Seul le design du terminal point de vente lui importe, elle a déjà visiblement fait son choix et me dit :

— Vous êtes passée voir Corinne ?

Je suis déconnectée de toute réalité. La formulation de ses questions sans aucun rapport avec notre entretien me plonge en plein désarroi. Je n'arrive pas à définir ce qui me déstabilise le plus dans le comportement de cette fille.

— Excusez-moi, mais qui est Corinne ?

— Une copine, enfin bref, elle a une boutique de vêtements en bas de la rue, c'est juste une copieuse, elle fait tout comme moi, alors bien sûr je vous demanderai de ne pas passer la voir, si je prenais le système.

Voilà ce qui me troublait depuis le début ! J'ai une gamine en face de moi ! Elle a un comportement de petite fille gâtée, contrastant avec ses allures de femme active, moderne, et il est très difficile de maintenir un fil de conversation rationnel avec les réactions enfantines qu'elle exprime. J'opine du chef pour lui donner un semblant de réponse et tente de revenir sur mon sujet d'intérêt principal, la solution informatique d'encaissement.

— Alors, avez-vous trouvé un matériel qui pourrait vous convenir ?

— Oui, celui-là.

Comme une enfant repérant ses joujoux de Noël sur un catalogue, elle pointe son index, sur une page qu'elle a pris soin de corner, et ne le décolle pas, pour que je visualise bien l'objet de toutes ses convoitises.

— Il existerait en rose ?

Je manque de défaillir, elle pense acheter l'informatique de Barbie alors que je veux mettre en avant la performance et l'efficacité d'un système d'encaissement. Je suis décontenancée et n'arrive plus à prononcer le moindre mot. Elle se saisit de ce moment de silence pour interpeller sa mère :

— Maman, tu ne trouves pas que ce serait trop beau cette caisse en rose dans le magasin ?

Je me dois d'intervenir afin de la ramener à la réalité de la situation.

— Excusez-moi, mais ce matériel n'existe pas en rose, il est proposé en noir ou en gris.

— Mais c'est moche !

Elle me dit ça en croisant ses bras et en affichant la moue boudeuse des petites chipies à qui on refuse d'acheter un paquet de bonbons au supermarché. Je songe, un instant, à écourter la visite et à prendre congé lorsqu'elle me dit :

— Mais enfin je ne comprends pas, il y a bien d'autres couleurs, ce n'est pas possible.

— Je pense qu'il existe en blanc, mais avec un supplément de prix.

— Eh bien, parfait, va pour le blanc. Alors, combien ?

J'apprends vite à décrypter le sens de ses questions et lui établis un devis que je lui soumets. Doigt sur la bouche, elle se concentre :

— Vous m'avez mis le top du top là au moins ?

Que répondre ? Mon esprit s'emballe, mouline pour livrer une réponse cohérente à une question qui ne l'est pas, alors j'opine de la tête et lève mon pouce.

— Bon, OK je prends, hein, maman, ça va donner un côté design à la boutique en plus.

La mère rappelée dans la conversation marque une réticence pour cet achat irréfléchi se chiffrant à plusieurs milliers d'euros, qui mériterait probablement une étude et une petite discussion entre elles. Je ne veux surtout pas précipiter l'acte de vente pour qu'ensuite, une fois le soufflé retombé, elle m'appelle pour annuler. Je lui propose de prendre le temps de la réflexion et de m'appeler pour qu'on lance la commande si elle est toujours décidée. Ludmilla se met aussitôt à hausser le ton, et à parler avec une agressivité mal contenue à sa mère qui choisit de ne plus rien dire et de battre en retraite. Elle a frôlé le manque de respect et ça met à mal mes principes, mes fondamentaux. Je peine à contenir l'émotion qui me gagne pour la bousculer un peu. Pas le moins gênée du monde, elle poursuit :

— Je veux que vous me le livriez demain !

L'utilisation de ce verbe au présent, avec toute la force impérieuse qu'il envoie, m'incite à recadrer la demoiselle, tout en subtilité, mais efficacement en le remettant dans ma réponse, à la forme conditionnelle :

— Vous voudriez, mais ce n'est pas possible, il y a un délai d'une quinzaine de jours entre la commande et la livraison.

— Je paye, je vous dis que je paye un supplément, mais je le veux demain en boutique.

Je m'attends à ce qu'elle se mette à trépigner ou à se rouler par terre. Je ne garantis plus rien sur mes réactions en de telles circonstances. Elle a de sacrées lacunes d'éducation et je me propose de les lui combler en méthode accélérée.

— Non, c'est impossible! Alors, réfléchissez, prenez le temps, et rappelez-moi pour me faire part de votre décision.

Je ramasse mes affaires, enfile ma veste et me dirige vers la porte, en les saluant toutes les deux. Elle me rattrape au moment même où je franchis la porte vers la rue:

— Bon, bon, d'accord... va pour dans quinze jours!

La position de vendeur n'implique pas celle de devenir le subordonné du commerçant et sacrifier un bon de commande pour rétablir le bon ordre des choses ne m'a jamais posé de problème. J'ai envie à ce moment précis de lui dire que je ne vends plus, mais d'un grand rire elle nous montre que son moment d'humeur est passé puisqu'elle enlace sa mère la couvrant de bisous et s'écrie:

— Bon, ce n'est pas tout ça, je vais chercher des petits cafés avec de petites gourmandises, ne bougez pas, j'arrive.

À peine a-t-elle quitté la boutique que la maman malmenée s'adresse à moi:

— Excusez-là, Ludmilla vit une période un peu compliquée en ce moment. C'est notre fille unique et on l'a toujours beaucoup gâtée avec son père. Elle fait de nous ce qu'elle veut, le sait et en joue. Elle vient de quitter son conjoint avec qui elle vivait depuis cinq ans, sans donner la moindre raison. Elle dépense à tort et à travers et je n'arrive pas à calmer son comportement excessif. Je lui laisse un peu de temps pour se reprendre.

Cette femme m'émeut et je laisse parler ma propre sensibilité quand je lui dis :

— Je vous comprends Madame. Vous avez une fille adorable, mais votre relation mère-fille va souffrir du comportement qu'elle vous inflige, bien malgré elle. Pourquoi ne l'encouragez-vous pas à consulter une personne dont le métier est d'écouter et d'accompagner ? Il y a beaucoup d'amour entre vous. Il faut juste l'aider à passer ce cap difficile.

— Vous avez raison, son père lui en a parlé et l'idée semble faire son chemin. C'est un amour de fille, vous savez !

Ludmilla rentre dans la boutique avec un plateau chargé de gâteaux, cafés et dans un grand rire, nous dit :

— Voilà les cafés, vous n'avez pas trop dit de mal sur moi, j'espère !

— On ne peut rien vous cacher à vous !

J'accompagne ma réponse d'un petit clin d'œil à la maman qui du coup a retrouvé le sourire. Tout est bien qui finit bien, en somme.

Je finis par les quitter comme on prend congé d'une famille de hasard, celle dont j'ai partagé, l'espace d'un moment, les petits tracas du quotidien. L'installation suivra rapidement, presque comme elle l'avait demandé !

Quelques mois plus tard, une certaine Corinne demande à me parler au standard, je ne connais personne dans mon entourage de ce prénom, mais prends quand même l'appel :

— Allô, Karine?

— Oui?

— Je suis Corinne. Ludmilla a dû vous parler de moi, j'ai un magasin de prêt-à-porter dans sa rue.

Je souris en pensant au portrait dépeint par elle le jour de ma visite en sa boutique. J'ai la «copieuse» en ligne et elle veut sûrement, pour ne pas faillir à sa réputation, commander un système d'encaissement:

— Oui.

— Ludmilla m'a vendu son système d'encaissement, et je voudrais remplacer sa base articles par la mienne, c'est possible?

— Oui, oui, bien sûr, je demande que le service technique vous rappelle, mais Ludmilla ne m'a absolument pas prévenue qu'elle n'utilisait plus le logiciel, au point de vous le vendre.

— Oui, mais c'est un peu ma faute. Je lui ai toujours dit que je voulais informatiser ma boutique, mais n'avais pas le budget pour le mettre en place. C'est plus fort qu'elle, elle adore me devancer dans mes projets et ensuite dire que je la copie, je sais, ça peut paraître enfantin, cette petite guerre amicale qu'on se livre, mais on s'adore!

Si attachante Ludmilla! Je garderai un souvenir attendri de cette petite fille qui ne voulait pas grandir et qui, un jour de prospection, m'a offert en dégustation la meilleure tarte Tatin de Paris!

Un jour. Un endroit. Et des destins qui se rencontrent, partagent un instant pour se séparer aussitôt. Je les ai tous gardés en mémoire: les écorchés, les sensibles, les mélancoliques, les revanchards, les nostalgiques, les oubliés, leur ai donné une petite part de moi, la vraie, la sincère, juste pour les remercier de la confiance qu'ils plaçaient en moi, simplement en se racontant.

11.

Le coup de blues

Il me prend par surprise cet état de fatigue, de petite tristesse. Je m'autodiagnostique et dois bien admettre que je souffre d'un bon vrai coup de blues. De nouveaux symptômes s'y ajoutent, comme le manque de confiance en moi, et l'envie de ne rien faire qui vient fermer le cortège. Bref, il n'est pas venu tout seul, le bougre !

J'essaie de déterminer la cause de cette petite déprime, que je veux de toutes mes forces passagère. Peut-être ainsi, en établissant son origine, je pourrais mieux identifier l'ennemi à combattre ? De nombreux paramètres sont venus enrayer la machine : l'ennui au bureau, le projet d'encadrement d'une équipe de commerciaux relégué aux oubliettes, un manque de reconnaissance de mes efforts, des perspectives d'évolution au point mort et une politique de stratégie commerciale statique. Tout ça a fini par me clouer sur place, me vidant de toute énergie, d'envie et plus les jours passent, plus je me complais dans cet état de passivité.

Je décide alors de faire semblant, de donner le change en conservant mon attitude positive auprès des autres. Ils n'y verront que du feu. Alors je bavarde, je ris, je raconte plus que de raison. Les collègues ne s'y trompent pas, me connaissent trop bien. Je suis une vraie de vraie moi. Je ne sais ni jouer ni cacher. On lit en moi comme dans un livre ouvert. Seul Laurent ne semble rien remarquer, et c'est tant mieux !

La démotivation gagne du terrain, et me prive de toute l'énergie qui me propulsait jusqu'alors vers de nouveaux objectifs toujours plus hauts. J'ai en mémoire l'exemple, maintes fois cité, du commercial qui, sous la pression, a tout envoyé promener pour choisir une autre orientation professionnelle.

Ce fut longtemps l'épouvantail dont je voulais me détourner coûte que coûte, quand des contrariétés professionnelles pouvaient me tirer vers le bas, mais pas là, je prends même plaisir à l'envisager, cette reconversion. Et si elle était là, la solution ? Je vois bien que ça me réveille de ma léthargie quand j'y pense, et puis Simon me l'avait donnée comme cadeau d'adieu, le fruit de son expérience, en me conseillant de partir quand je n'aurais plus l'envie d'avancer. Je suis arrivée au terminus Retail Log, elle est là l'évidence !

Je dois avoir la conscience professionnelle chevillée au corps, car, malgré cet état d'errance, je poursuis avec obstination et efficacité la réalisation de mon chiffre d'affaires, les bons de commande, comme autant de preuves de confiance des clients tombent quand même sur mon bureau, les prospections se portent bien et c'est justement ce qui me chagrine. Je l'aime ce métier, mais peut-être est-ce lui qui ne veut plus de moi ? Plus d'une dizaine d'années au service de la même entreprise m'ont sans doute enfermée dans une zone de confort, m'éloignant de la possibilité d'un ailleurs audacieux, prometteur. J'ai besoin de cette montée d'adrénaline, là !

Le temps passe et ne fait rien à l'affaire, je me laisse doucement entraîner dans cette spirale infernale et plus j'avance, plus je doute.

Mes dossiers sont empilés sur mon bureau et pas prêts d'être ouverts. Je ne me reconnais plus. Soudain, la sonnerie de mon portable me ramène brutalement à la réalité routinière de mon activité. Un ange gardien, une coïncidence, le hasard, appelez ça comme vous voulez, sont sans doute à l'origine de cet appel qui m'insufflera l'élan de reprise, de rebond pour me redonner le moral de battante qui m'avait provisoirement fait défaut.

— Allô, oui ?

— Karine ?

— Elle-même, qui est à l'appareil ?

L'intonation de ma voix doit sans doute trahir mon agacement, mon irritabilité, car mon interlocuteur va très vite dans le vif du sujet.

— Je suis Patrick, AFTER Soft. Tu te souviens, nous étions voisins au salon Pro Mag et tu m'avais remis ta carte.

— Ah, mais oui, bien sûr, comment vas-tu depuis tout ce temps ?

— Ça va, j'ai conservé ta carte, car j'avais bien apprécié notre échange du moment. Alors, voilà ce qui m'amène… Tu te souviens de Frédéric, mon responsable commercial ?

— Bien sûr, on avait eu l'occasion de parler ensemble tous les deux, garçon très sympathique.

— Eh bien voilà, il s'en va. Il nous quitte et j'ai tout de suite pensé à toi. Je vais jouer cartes sur table : j'aimerais te faire une proposition pour rejoindre l'équipe commerciale AFTER Soft, si bien sûr tu es intéressée !

AFTER Soft est LA référence dans le monde de l'édition de logiciel d'encaissement. Une société dynamique, innovante, à la pointe de la technologie. Ce leader dans notre profession, de plus de vingt ans d'expérience auprès de commerçants de détail, cette valeur sûre, vient de me proposer de travailler pour lui et je n'en reviens pas. En revanche, je le vois tout de suite poindre le problème de taille. Laurent connaît très bien Patrick.

Ils entretiennent régulièrement le ton amical de leur relation professionnelle par des appels téléphoniques réguliers et la visite de courtoisie à chacun des salons, où nous exposons ensemble. Ça va se savoir !

J'en oublie presque Patrick au bout de la ligne, en attente de ma réponse :

— Je suis très flattée que tu penses à moi pour remplacer Frédéric. Mais tu me prends de court là et je vais me laisser le temps de la réflexion. Je suis très attachée à Retail Log, même si j'ai également envie de grandir professionnellement, de me lancer des objectifs plus audacieux. Ta proposition est tentante, je vais l'étudier avec toute l'attention requise et reviendrai vers toi pour te dire ce que j'en pense.

— Parfait ! Si tu es d'accord, nous conviendrons d'un rendez-vous en nos locaux. On vient juste de déménager et ton bureau est déjà prêt. Je te présenterai aux équipes, ça ne changera pas grand-chose pour toi, on a la même cible de clients et, en plus, tu as une réelle expérience terrain que ne maîtrisait pas Frédéric, qui était plutôt sur les grands comptes. Moi je veux toucher maintenant les magasins de proximité.

— Merci pour ta confiance. Promis, je te rappelle très vite !

J'ai mis fin à cet appel et me demande encore si je ne suis pas en proie à une hallucination comme aggravation de mon état désabusé. J'ai griffonné AFTER Soft dans tous les sens, dans toutes les calligraphies, sur mon bloc-notes.

J'ai au moins la preuve de me trouver en pleine réalité. Le simple fait de me voir reconnue pour mes qualités professionnelles par un tiers me réinsuffle la part de motivation, d'envie de me surpasser, de confiance en moi, portant un coup fatal au coup de blues dévastateur de ces dernières semaines. Je revis!

Je ne l'ai pas entendu pousser la porte de mon bureau, encore sous l'émotion du coup de fil salvateur et je le vois devant moi. Laurent vient me donner le bonjour du jour, me souriant, m'encourageant et tellement bienveillant. Cette incursion dans le cocon feutré de mes pensées me trouble et me déstabilise, je n'ai pas encore atterri. Et là, comme il me voit, je suis en plein jet-lag.

— Ça va, Karine?

— Oui, très bien.

— Ah eh bien, tant mieux, on n'a pas trop eu l'occasion de parler ensemble ces derniers temps. Ça va le business?

— Pas trop là, il y a eu une réelle accalmie.

— Dis-toi juste que tu fais tout ce qui est en ton pouvoir pour valider les bons de commande. La période est un peu compliquée. Ne te mets pas trop de pression et si tu as besoin de mon assistance, tu le sais, la porte de mon bureau t'est toujours ouverte.

Et il quitte mon bureau. Sans rien ajouter d'autre.

Je suis troublée. Dans toute autre société, le commercial subit la pression du dirigeant obnubilé par l'atteinte de l'objectif. Pas chez Retail Log! La qualité de vie du salarié est le seul vrai leitmotiv. Elle fait partie des grandes valeurs de notre culture d'entreprise. Laurent et moi ne sommes pas toujours sur la même longueur d'onde, mais nous arrivons toujours à nous mettre au diapason, et avons souvent réussi à faire de nos divergences une force combative qui tient en respect une concurrence féroce et acharnée.

Patrick n'a pas du tout le même profil de dirigeant que Laurent. C'est un homme d'affaires, privilégiant la rentabilité aux états d'âme. Il le clame et le proclame, il paye quand il y a du résultat et se sépare si résultat il n'y a pas ! C'est sa devise et beaucoup de ses commerciaux ont eu à souffrir de la mise en application de la doctrine.

Suis-je prête à sacrifier ma qualité de vie au bureau pour assouvir ma soif d'évolution professionnelle ? Je ne le pense plus. Je ne prends pas le temps de demander conseil à la nuit qui vient pour prendre ma décision sur l'offre, si valorisante soit-elle, d'AFTER Soft. J'ai toujours validé les actes importants de ma vie, après réflexion, certes, mais de manière impulsive et ne l'ai jamais regretté.

J'ai le sentiment qu'il me reste encore beaucoup de chemin à parcourir chez Retail Log. Je ne suis pas encore prête à quitter ma zone de confort.

Mon programme du lendemain est déjà établi, appeler Patrick pour décliner son offre, et tenir informé Laurent de la proposition d'embauche de la concurrence. Je veux absolument qu'il l'apprenne par moi.

Dès mon arrivée au bureau, j'appelle Patrick pour le remercier pour le gage de confiance témoigné à mon égard dans cette proposition et lui livrer ma réponse sous forme de regret de ne pouvoir répondre à sa demande, en invoquant de nombreux dossiers prometteurs lancés chez Retail Log, que je ne peux abandonner ainsi. Il comprend parfaitement, me remercie et me souhaite bonne continuation, en me précisant quand même de considérer son offre, valable dans le temps pour le moment où je choisirai d'y donner suite.

La deuxième mission du jour me conduit dans le bureau de Laurent, en début d'après-midi. Je lui relate les faits du jour avec grande précision, pour finalement l'informer de ma déclinaison de l'offre, signifiée le matin même, au concurrent. Il me remercie chaleureusement pour ma loyauté, il réitère ses marques de confiance à mon égard, en exprimant la certitude que je ne quitterais jamais la société parce que nous nous apportons tant l'un l'autre. Cette façon de penser me flatte et me dérange à la fois. Rien n'est jamais acquis, tout se construit et il a trop tendance à l'oublier.

12.

Il vaut mieux en rire !

J'entretiens une belle relation amicale avec les collègues. Nous partageons une complicité envers et contre tous. La bande des quatre dont je fais partie est composée de François, Bruno et Audrey. Toutes les épreuves traversées ensemble nous ont rapprochés et nous ont permis d'instaurer un vrai climat de confiance, de sincérité qui nous lie de manière indéfectible.

François, le rebelle, Bruno le perfectionniste, Audrey, l'hypersensible et moi, la battante, sommes en parfaite symbiose. Ils sont plus jeunes que moi et l'écart des années ne gêne en rien la profonde amitié qui nous lie. Cette relation a résisté à tout, au temps, aux coups de grisou, aux divers dysfonctionnements de l'entreprise et s'est renforcée au fil des années.

Laurent nous annonce officiellement que deux nouvelles recrues viennent rejoindre le service développement, pour prêter renfort à l'équipe déjà en place et les assister dans la programmation évolutive du logiciel. Jérôme et Robin sont stagiaires, s'intègrent très vite dans l'entreprise, et nous prenons coutume de les appeler les stagiaires, tant ils sont inséparables.

C'est également le moment que choisit Laurent pour apporter un petit coup de fraîcheur dans les locaux en faisant appel à un artisan entrepreneur bien décidé à très vite redonner vie aux peintures fatiguées de notre environnement. Dans le cadre de cette rénovation, les peintres décident de déplacer notre imposant frigo du coin cuisine pour l'installer provisoirement dans la petite salle d'eau attenante aux sanitaires.

Nos amis les peintres mettent du cœur à l'ouvrage et signalent leur présence par le bruit qui accompagne chacun de leur geste.

Ils s'interpellent, pestent, bougent le mobilier, et lorsqu'ils sont satisfaits du travail accompli s'offrent même le petit plaisir du sifflotement sorti de la compilation d'André Rieu dont ils nous font profiter généreusement. Bref, ce n'est pas de tout repos de travailler dans de telles conditions, mais c'est pour la bonne cause, alors on résiste.

Une vague de chaleur caniculaire touche Paris. En ce mois de juillet, les ventilateurs tournent à plein régime, on ouvre les portes et fenêtres pour créer des courants d'air et moi j'attends Robert, de la société Big Bazar pour la démonstration de notre logiciel. Audrey me prévient de son arrivée et je le rejoins aussitôt à l'accueil. Il souffre visiblement de la chaleur. Son visage est rouge cramoisi, il s'évente avec une brochure commerciale et me demande d'avoir la gentillesse de lui offrir un grand verre d'eau pour se rafraîchir. Je m'apprête à gagner le nouvel emplacement du frigo dans la salle d'eau qui donne accès aux sanitaires quand Jérôme le petit stagiaire, se précipite dans la pièce et ferme la porte à double tour. Impossible d'accéder à la demande du client, les points d'eau et frigo se trouvant au même endroit, celui-là même qui est verrouillé à double tour. Je vis un grand moment de solitude, car nous avons remarqué que nos amis stagiaires perdaient toute notion du temps lors de leur visite de l'endroit.

Je reviens bredouille auprès du client, en lui précisant qu'on s'occupe de très rapidement lui amener un verre d'eau et qu'en attendant, nous allons prendre place au showroom pour la présentation du logiciel. L'air de rien, je commence ma démonstration quand, quelques minutes plus tard, Robert réitère sa demande :

— Je me permets d'insister, j'ai vraiment très soif, puis je avoir un verre d'eau s'il vous plaît ?

— Ah oui, bien sûr, j'avais pourtant demandé qu'on vous l'apporte, j'arrive !

Je monte à l'étage et la porte toujours verrouillée me plonge dans un désarroi indescriptible. Mes collègues pendus au téléphone rendent donc inenvisageable l'idée qui vient de me traverser l'esprit de se rendre dans une supérette acheter un pack d'eau. J'entreprends alors de secouer la porte toujours fermée. Un bruit d'eau coulant dans le lavabo me donne bon espoir d'une issue heureuse à cette situation, mais visiblement pas pour tout de suite ! Pour la peine, je donne un violent coup de pied à la porte de façon à marquer le caractère urgent de la circonstance et rejoins mon client les mains vides.

— Je suis désolée, je vous explique : nous sommes en travaux et avons placé provisoirement notre frigo, avec sa réserve de bouteilles d'eau, dans la petite salle attenante aux sanitaires, et un de mes collègues s'y lave les mains, dès que l'espace se libère, Audrey vous apportera un verre d'eau bien frais.

Je poursuis la démonstration, mais réalise bien que l'attention du client est loin d'être soutenue. Il s'évente frénétiquement avec la plaquette commerciale, et marque quelques signes d'impatience, car toujours point de bouteille d'eau à l'horizon. Soudain, il interrompt la présentation par une énième demande :

— Euh excusez-moi, quand votre gars en aura fini avec ses ablutions, pensez-vous que je puisse l'avoir ce verre d'eau, à un moment ou à un autre ?

Audrey arrive à ce moment précis avec les bouteilles d'eau tant attendues que le client vide au goulot, une à une, sans même reprendre son souffle.

Notre chaotique rendez-vous s'achève déjà, je raccompagne le client à la porte de l'accueil, lorsqu'il se retourne vers moi et me dit : « Merci, j'avais vraiment très soif ! »

Ce sont les aléas du direct, que je paye cher, car c'est bien connu : un client mal reçu ne revient plus !

J'ai donc peu de chances de revoir mon Robert, malgré mes excuses répétées.

Les éléments ont sans doute voulu se liguer contre moi, puisque la semaine précédente, même endroit, et même fuite en avant d'un autre client qui eut droit pendant la présentation du logiciel au showroom à l'avalanche bruyante de cartons d'emballage que les techniciens s'amusaient à jeter du haut de l'escalier, oubliant que j'étais en clientèle. Je n'eus jamais l'occasion de le revoir, ni qu'il réponde à mes appels.

Mon entourage professionnel s'offusque de voir ces petits riens m'affecter à ce point. Ils ne mesurent tout simplement pas le travail mis en œuvre pour le simple fait de recevoir en nos locaux un client. Ils doivent sans doute penser que, tel le joueur de flûte de Hamelin, j'ai juste à jouer de l'instrument pour que les commerçants me suivent bien docilement et signent juste là où c'est indiqué, sur le bon de commande.

Une sortie au grand air s'impose. Journée de prospection aujourd'hui. Elle me fera le plus grand bien!

Direction de nouveau vers Nogent-sur-Marne! La grande rue Charles-de-Gaulle regorge de magasins de quartier, encore bien épargnée par les grandes enseignes qui contribuent au déclin des petits commerces. J'adore cet endroit. On a la sensation de se trouver dans une petite ville de province. Les boutiques de prêt-à-porter, les bijouteries, les créateurs alternent avec les magasins de bouche, alimentaires, et les traiteurs. Tous ces petits commerces réussissent l'exploit de créer une dynamique en plein cœur du quartier, drainant un flot incessant de promeneurs, de clients dans une animation colorée et joyeuse qui rend si attractif ce cœur de ville.

Je remarque tout de suite une boutique de lingerie, Nights in White Satine, qui vient d'ouvrir. Sa vitrine offre une présentation de dessous plus affriolants les uns que les autres et de petits accessoires présentés ici ou là. Un arbre stylisé en fer forgé garde la porte et m'invite à pénétrer dans un univers poudré, où sont exposés des articles de lingerie raffinés, des huiles, des parfums, des bougies et des objets de toutes sortes. Je ne perds pas pour autant l'objectif de ma visite et déroule mon argumentaire d'accroche à la commerçante, en caisse. Malheureusement, elle se présente comme la vendeuse du magasin et me confirme que seule la gérante peut prendre ce type de décision, tout en me confirmant sa présence en magasin, mardi prochain. Je prends note de revenir ce jour-là et laisse sur le comptoir de caisse une plaquette commerciale à l'attention de la direction.

Une semaine plus tard, me revoici en plein cœur de Nogent-sur-Marne, devant Nights in White Satine. J'ai la certitude que la commerçante sera sensible à mon argumentaire de mise en place de système informatique, car elle est certainement confrontée au problème de la gestion du stock et de l'encaissement.

C'est donc pleine d'assurance que je pousse la porte de la boutique. La gérante est en pleine conversation téléphonique alors, comme j'en ai l'habitude, je joue les clientes potentielles en attendant. Je flâne dans les rayonnages, dépliant tel caraco, me saisissant d'un objet dont je cherche à connaître l'utilité précise, que je repose aussitôt quand je m'entends appeler par mon prénom.

— Karine?

Un rapide coup d'œil vers l'entrée du magasin me fait reconnaître ma petite cousine Emilie, qui me dévisage, marquant son incrédulité de me trouver ici, maintenant. Je réalise aussitôt l'incongruité de la situation et tente comme je peux de cacher ma gêne.

— Ah, Emilie!

Emilie, jolie fille pleine d'énergie, de dynamisme, avec un franc-parler qui n'appartient qu'à elle et dont elle décide de me faire profiter généreusement, me lance:

— Eh ben, dis donc, ma belle, tu caches bien ton jeu toi. En même temps, c'est tout à ton honneur! Briser la routine du couple, il est là le vrai secret de longévité!

Je blêmis à l'idée de penser que ce soir, tout mon entourage familial saura que je furète dans les magasins de lingerie coquine à mes heures perdues. Elle est comme ça Emilie, quand elle sait, elle partage avec le plus grand nombre.

— Tu es trop drôle! Non, ce n'est pas ça, pas du tout ce que tu crois, comme tu me vois là, je travaille.

Je ponctue ma réponse du plus beau rire qu'il peut me rester en stock afin de désamorcer le quiproquo dont je suis la victime principale.

— Mais je ne crois rien, moi, je te rencontre dans un magasin de lingerie coquine et tu vois, moi j'assume, il n'y a pas de mal, je t'assure.

— Bon, écoute! Il y a méprise et tu vas t'en apercevoir tout de suite. Comme tu le sais, je propose des systèmes informatiques aux magasins et j'attends juste que la commerçante raccroche pour lui en parler. Elle attendait d'ailleurs ma venue!

— Bien sûr, bien sûr!

La gérante vient de mettre fin à son entretien téléphonique et je me dirige vers elle en l'interpellant à haute et intelligible voix pour que rien de la conversation n'échappe à la petite effrontée, qui pour l'heure, rit à gorge déployée.

— Bonjour, Madame, je suis passée la semaine dernière, je m'étais entretenue avec votre vendeuse sur l'éventualité d'une mise en place d'un système informatique en magasin. Elle m'avait suggéré de venir vous rendre visite aujourd'hui afin d'en parler avec vous directement.

L'honneur retrouvé, je me délecte de la réponse qui tarde quand même un peu à venir:

— Ah bon? Je ne suis pas au courant! Vous me parlez de visite, mais nous n'avons pas pris de rendez-vous, et franchement, pour l'instant, j'attends un peu de démarrer l'activité, avant d'envisager telle mise en place. C'est drôle, car Virginie ne m'a absolument pas fait part de votre visite la semaine dernière!

Les gestes prennent la place des mots chez la petite cousine, pouce levé, hilarité indécente et grosse accolade en guise d'au revoir, avec quand même le doigt sur la bouche m'indiquant que le secret sera bien gardé !

Encore aujourd'hui, des années après, Emilie, lors de réunions familiales, ne manque pas de me taquiner :

— En tout cas, on croit connaître les gens, et pas tant que ça, en fait, tu ne trouves pas Karine ?

L'entourage bondit infailliblement sur la phrase si prometteuse de nouvelles croustillantes à se mettre sous la dent :

— Ah bon, dis-nous vite Emilie !

— Non, non, je laisse le soin à Karine de vous raconter comme elle sait si bien le faire, notre rencontre imprévue d'un après-midi dans une belle boutique de Nogent-sur-Marne.

Nouvelle prospection du jour, en plein cœur du quartier Bastille. Cet endroit constitue le passage de prédilection des visiteurs de la capitale, avec ses nombreux cafés, terrasses, boutiques, galeries et sa population bobo. Ça, c'est Paris !

Mes pas me mènent devant une petite boutique streetwear nichée en plein cœur de la principale rue commerçante de l'endroit. La vitrine expose la mode de la rue : des joggings, des baskets de marque, blousons, pantalons avec des imprimés très colorés et décline la tendance urbaine dans tous les styles. Je franchis la porte et suis accueillie par Donia qui, aussitôt, me demande si je souhaite un quelconque renseignement. Je l'informe sur l'objet de ma visite, lié à l'informatisation des magasins de la rue. Ses deux frères, Karim et Sami, sont fort intéressés par l'offre et se joignent à la conversation. Ce dernier est le gérant de la boutique, le décideur. Il installe tout de suite une ambiance détendue, conviviale, chaleureuse. Il ressemble physiquement à Ramzy, l'humoriste, jusque dans la manière de s'exprimer et de pratiquer le second degré. Ce garçon a un vrai talent de comédien. Il me raconte ensuite les débuts de l'affaire familiale, la répartition des tâches, lui aux achats, son frère à la vente, et la sœur à la gestion administrative. Il accompagne le récit de gestes, de mises en situation et donne une représentation de stand-up en plein magasin.

Le tutoiement entre nous prend naturellement sa place et nous convenons d'un rendez-vous au showroom, en nos locaux, la semaine suivante, pour la présentation du logiciel. Celle-ci se passe fort bien, Sami est conquis et se décide à passer commande pour la solution informatique complète, tenant compte du matériel et du logiciel.

— Je suis vraiment content de cette collaboration mise en place entre nous, et tu verras, ce n'est que le début. J'ai pour projet de développer une chaîne de magasins au nom de l'enseigne dans toutes les villes balnéaires de France.

— Merci, je suis moi aussi ravie d'avoir fait connaissance avec toute la petite famille si sympathique, et, c'est promis, on informatisera toutes les boutiques !

Je lui tends le bon de commande à signer et il réalise qu'il a oublié son chéquier :

— Bon, tu maintiens l'installation et de retour au magasin, je t'envoie le chèque.

— Je compte sur toi, un dossier client incomplet bloque la mise en place du système en boutique.

— Oui, bien sûr, pas de problème, demain il sera sur ton bureau.

Il se lève déjà et ajuste son casque de moto en riant. Son attitude désinvolte m'inquiète autant qu'elle me rassure. Je joue la confiance et planifie l'installation, malgré le risque que je prends à sciemment contourner les règles. Je retourne à mon activité quand dans l'après-midi, il vient par son appel troubler la quiétude de mon bureau

— Allo Karine, c'est Sami.

— Oui ?

— J'ai un petit contretemps qui me contraint tout de suite à rejoindre ma petite sœur Sarah pour un casting cinématographique. Karim t'enverra le chèque, ne t'inquiète pas, on s'en occupe.

Ce garçon a l'art d'inventer les histoires les plus saugrenues pour se sortir de toute situation le mettant à mal et, pour l'instant, il me laisse seule à me démener avec un problème bien concret. Je guette, jour après jour, la remise du courrier et toujours pas de chèque à l'horizon. La colère me prend et je l'appelle, bien décidée à sonner l'entracte à la représentation qu'il me livre depuis le début de cette relation commerciale.

— Sami, bonjour c'est Karine, juste pour t'informer que je n'ai toujours reçu aucun chèque, que ça commence à me poser un sérieux problème.

— Oui, je sais, je suis vraiment désolé, je sais. Karim est débordé, j'ai tout laissé en plan et il doit tout gérer, ma sœur a été retenue pour le casting du premier rôle du film d'un des réalisateurs les plus connus du cinéma français, je suis trop fier d'elle, alors ne t'inquiète pas, c'est prévu, Karim remettra le chèque au technicien, le jour de l'installation.

Le chèque est finalement récupéré et me permet de passer à autre chose.

Je décide d'appeler Sami pour le remercier de l'efficacité de son action dans le dénouement heureux de ce dossier. Il se saisit de l'opportunité de l'appel pour m'indiquer qu'il sera indisponible ces prochains jours, car il accompagne sa sœur sur le lieu de tournage du film et me demande de contacter Karim pour le suivi de l'installation. Cette histoire inventée de toutes pièces qu'il se plaît à me servir avec cette intonation de sincérité me laisse perplexe. Je garderai toutefois un excellent souvenir de ce garçon un peu fantasque aux faux airs de Ramzy qui m'a entraînée dans son univers imaginaire.

Je découvrirai quelques mois plus tard sa photo à la une des magazines, au bras de la petite sœur, pour la montée des marches du Palais des Festivals à Cannes. Ainsi c'était vrai, Sami n'inventait pas ! Il racontait avec passion !

Tous ces instants de vie volés au quotidien donnent lieu à de merveilleux souvenirs desquels l'humour sort toujours gagnant, car c'est bien connu, mieux vaut en rire ! Toujours !

13.

Les éphémères

Combien de météorites sont venues graviter dans mon espace commercial pendant toutes ces années ! Les collègues de passage ont laissé une marque indélébile dans ma mémoire. C'est étrange cette forme d'attachement que je ressens, même si, du temps de notre proximité, il ne me semblait pas spécialement bien m'entendre avec elles.

La dépressive

Laurent me prévient que l'épouse d'un de ses amis viendra faire un petit stage commercial au bureau. Je dois lui réserver le meilleur accueil, car il a promis. C'est toujours comme ça. Il a le cœur sur la main, mais oublie juste qu'un engagement doit être suivi d'effets, et c'est là où ça se corse. Sa technique est bien rodée, car il trouve toujours à qui déléguer. Aujourd'hui, c'est moi l'élue ! Et franchement, je m'en serais bien passée. Nous sommes en pleine organisation du salon Pro Mag, qui se tiendra la semaine prochaine, autant dire que je n'ai pas trop le temps de faire dans la civilité. Je dirais même que je suis sous l'eau, débordée, en retard, et pas le temps du tout de m'encombrer de l'amie d'un ami, à qui Laurent a promis. Mais au fait, ai-je vraiment le choix ?

Dès le lendemain de l'annonce, je fais connaissance avec Karen, la petite quarantaine assumée, qui m'attend à l'accueil. Petit foulard Burberry noué autour du cou, un sac d'une marque reconnaissable à son célèbre monogramme au bras, elle me donne immédiatement la vision de la baronne de Rothschild chez les Tuche. De plus, cette femme semble en proie à un profond mal-être avec une tristesse infinie dans le regard qui me trouble au moment même où je me présente à elle. Je la prie de me suivre dans l'espace commercial et lui indique l'emplacement de son bureau, juste à côté du mien. La prise de contact n'est pas facile et je prends mon courage à deux mains afin d'en savoir plus sur la motivation qui l'a amenée à suivre un stage commercial. Karen me précise qu'elle est en pleine réflexion pour une reconversion professionnelle.

Tout en me parlant, elle tripote ses cheveux de manière incessante et les ramène en avant, en arrière, de manière à bien les disposer sur le col de son chemisier.

Une chose est sûre, elle n'a rien d'une commerciale, pas même une lueur d'espoir de le devenir. Elle me donne juste la sensation de vouloir prouver qu'elle peut travailler et utilise ce stage comme thérapie. Une heure à peine passée en sa compagnie me donne envie de m'arracher les cheveux. Je ne garantis pas une issue heureuse à cette collaboration imposée.

Je lui demande dans un premier temps de se rapprocher de l'administratif pour m'établir un fichier clients à contacter en prévision du prochain salon. La cloison vitrée de mon bureau me permet de l'observer en sous-marin, et j'avoue être troublée par sa façon de bouger, de passer machinalement sa main dans ses cheveux et de vouloir à tout prix les disposer par-dessus le col de son chemisier. Elle répète fréquemment ce geste, de manière mécanique.

En début d'après-midi, je corse l'apprentissage en la chargeant d'appeler les noms du listing clients édités le matin même et j'insiste en particulier sur le nom de madame Dupin qui m'avait demandé de lui envoyer une invitation au salon. C'est la bonne occasion de m'assurer que la cliente a bien prévu de nous rendre visite sur notre stand.

Avant de la laisser à l'accomplissement de la tâche confiée, j'entreprends de lui énumérer les qualités essentielles du commercial. Pour moi c'est tout vu, elle n'en a aucune, mais le mieux serait qu'elle se range à cet avis par elle-même.

Dans le silence très relatif de cet après-midi, nous entendons distinctement des éclats de voix grandissants, des portes qui claquent, un climat peu propice à l'accueil d'une stagiaire commerciale souffrant de vague à l'âme. Laurent s'énerve au téléphone et a cette fâcheuse habitude de se promener dans les locaux, tandis qu'il se dispute. On le sait, on s'en amuse même parfois, car sitôt la conversation coupée, il reprend ses activités là où il les avait laissées. Je ne prête pas plus attention que cela aux éclats de voix que nous avons pu entendre. Distraite par la sonnerie du téléphone qui retentit dans mon bureau, j'abandonne pour quelques instants ma stagiaire. De retour auprès d'elle, je remarque immédiatement qu'elle ne va pas bien, elle se tortille les mains, se balance d'arrière en avant sur la chaise, et a le regard fixe.

— Ça ne va pas ?

— Si si, mais je ne supporte pas les cris moi, ça m'agresse !

— Ah, mais ce n'est pas grave, Laurent a quelquefois le verbe un peu haut et après ça lui passe, tu vois bien que je ne semble pas traumatisée.

Je la rassure et lui demande de bien vouloir finir les appels téléphoniques du listing, surtout celui de madame Dupin, qui revêt la plus haute importance pour moi.

Je ne manque pas au cours de l'après-midi de demander à Karen si elle a bien appelé la cliente. Un hochement de tête me confirme qu'elle s'est bien acquittée de la tâche qui me tient tant à cœur. Je passe le restant de la journée à colmater les brèches de toutes parts, au service technique, à l'administratif pour l'impression des tarifs, tout en assurant mes rendez-vous téléphoniques. La journée passe à vive allure et touche déjà à sa fin, alors que j'ai encore tant à faire. J'ai tout le loisir, depuis mon poste de surveillance, d'étudier le comportement de Karen. Elle passe d'une action au ralenti à une grande agitation. Je m'attendris aussi sur son désir de bien faire. Je la vois sans relâche appeler un à un tous les clients de la liste, avec le bon déroulement du script qu'on a conçu ensemble.

Peut-être ne sera-t-elle jamais une commerciale confirmée, mais a toutes les capacités d'une bonne assistante. Mon âme protectrice s'épanouit dans ce rôle d'encadrement bienveillant d'une nouvelle collègue dont la fragilité m'émeut, il faut bien le reconnaître.

Je me laisse aller à ce sentiment affectueux, vite rattrapée par l'animation du bureau qui annonce l'heure de la fermeture. Je traîne un peu, passe devant le bureau de Karen, la félicitant même pour son implication productive dans l'exécution de la tâche confiée et laisse mes pas m'entraîner vers la porte de sortie, puis brutalement, je ne sais pourquoi, me ravise, reviens sur mes pas et demande à Karen :

— Au fait, tu m'as bien dit que tu avais appelé madame Dupin, et que t'a-t-elle dit ?

— Ben je ne sais pas, il n'y avait personne !

Je suis sidérée par la réponse qu'elle me sert avec tant de naturel. Elle considère ainsi avoir appelé juste par le fait d'avoir composé un numéro. Je lui rappelle quand même que ce qui m'intéresse, c'est bien la teneur de l'échange avec la cliente pour obtenir une information capitale. Le ton de ma voix doit grimper un peu vers les aigus, elle se trouble et recommence à jouer avec ses cheveux. La limite de ma patience vient d'être largement dépassée, et je sais que dans ces moments-là, je ne réponds plus de moi. Mieux vaut en rester là ! Je lui demande toutefois de s'interroger sur l'absurdité de sa réponse et par là même de se remettre en question sur son orientation professionnelle vers une carrière commerciale.

Le lendemain, point de Karen à l'accueil. Laurent me précise qu'elle a préféré mettre fin à ce stage, car visiblement le métier de commercial n'était pas fait pour elle. Elle aurait également insisté pour qu'il me transmette tous ses remerciements, pour ma patience et le soutien que je lui ai témoigné. Je lui ai adressé peu de temps après un mail pour lui souhaiter bonne continuation, nous avons correspondu un certain temps, puis plus rien. La relation a cessé avant même d'avoir commencé et pourtant je ne l'oublie pas, Karen.

La syndicaliste

Laurent arrive un jour en coup de vent dans mon bureau. C'est souvent comme ça, quand il a oublié de m'annoncer un évènement qui arrive à grands pas et dans lequel je suis impliquée.

— Une certaine Agnès va nous rejoindre, elle nous a envoyé sa candidature spontanée. C'est une commerciale. Elle arrive lundi, ce serait bien que tu la formes, on pourrait peut-être ainsi reconstituer une nouvelle équipe de commerciaux.

Je n'ai pas le temps de répondre qu'il a déjà quitté le bureau. Nouvelle lubie, réservée juste pour moi. Merci du cadeau ! Me voilà désignée d'office formatrice, sans plan établi pour une jeune recrue que je ne connais pas.

Lundi matin, à la première heure, je gère les urgences du matin, avec boulimie, avant la privation annoncée de tout exercice de mon activité, décrétée par Laurent. Un rapide coup d'œil à ma montre indique 10 h. Et si elle avait renoncé finalement ? Je n'ai pas le temps de me laisser aller à l'espoir de ce doux rêve qu'Audrey m'annonce l'arrivée de la commerciale, Agnès, qui m'attend à l'accueil.

Je vais d'un pas traînant à sa rencontre et me présente à la nouvelle collègue. Le moins qu'on puisse dire est qu'elle ne cultive pas la part de féminité qui doit bien l'habiter un peu, quelque part, quand même. Sa tenue vestimentaire masculine, sa coupe à la garçonne, son attitude, sa voix et son fort tempérament plantent tout de suite le décor de la collaboration qui s'annonce. Je joue les imperturbables et l'invite à me suivre dans mon bureau. Je commence à lui décrire la journée type d'une commerciale chez Retail Log quand elle me coupe sèchement la parole :

— Ouais ouais, c'est bon. Tout ça, Laurent m'a expliqué, mais on sort quand en prospection ?

Mes oreilles se bouchent comme à l'annonce d'un danger imminent, je suis en plein cauchemar, je vais me réveiller. Il a vraiment prévu que je sorte avec la donzelle sur le terrain. Son regard est planté dans le mien dans l'attente de la réponse qui tarde trop à son goût, alors elle tambourine de ses doigts la surface du bureau. Elle reprend alors :

— Non, parce que j'ai été claire, au cours de mon entretien avec Laurent. Je suis en pleine reconversion professionnelle et étudie deux propositions, dont la vôtre. Il semblerait que la prospection terrain ait toute son importance dans votre activité, et ça je n'ai jamais fait, vous permettez qu'on se tutoie ?

Je reviens lentement à moi, et reprends le fil de l'entretien :

— Oui, bien sûr Agnès, tutoyons-nous ! Je programmerai une prospection terrain pour cet après-midi, mais là maintenant je souhaiterais que tu me parles un peu de ton expérience.

— Ben, on ne t'a pas fait passer mon CV ? La communication en interne, c'est pas trop votre truc, on dirait !

Cette fille parle comme au comptoir du café du commerce, autour d'un ballon de rouge. Je n'en reviens pas, elle parvient même à me déstabiliser, c'est dire.

— Si, si, bien sûr, mais j'attends juste que tu développes !

— J'ai le temps de m'en griller une ?

Je suis abasourdie par le comportement qu'elle adopte et pour cacher mon embarras, j'accède à sa demande.

La voici de retour dans des effluves de tabac froid. Elle reprend l'entretien là où il s'était arrêté en retraçant pour moi son parcours professionnel. Je perds le fil de la discussion et m'attarde sur son prénom, Agnès, qui me renvoie au personnage de *L'École des femmes* de Molière. Tout en innocence et pureté, elle est l'exception à la théorie qui vise à prouver qu'on finit toujours par ressembler à son prénom.

Elle aborde déjà les dernières années d'exercice professionnel, et là je manque de m'endormir quand j'entends « camion ». Je sursaute à la simple prononciation de ce mot. J'ai probablement mal compris, et pourtant il faut que je m'en assure. Comme à l'école, timidement, je lève le doigt pour interrompre le flot de paroles.

Elle s'arrête brutalement de parler, comme un signe d'encouragement à me laisser m'cxprimer :

— Oh, tu parles trop vite. Tu es vraiment passionnée toi ! Mais ton activité camions consistait en quoi exactement ?

— Ben, je te l'ai dit, je travaillais à la relance dans une entreprise de transports routiers. Je gérais le planning des salariés, et touchais un peu au commercial et je peux te dire qu'avec moi le patronat, il bronchait pas !

C'est donc confirmé. Je dois former une camionneuse syndicaliste et prospecter avec elle cet après-midi.

— Bon, c'est pas tout ça, mais il est 12 h 30, elle est où la cantine, ici ?

— Nous n'avons pas de cantine, mais un petit coin cuisine avec micro-ondes pour réchauffer nos plats.

— Ah, en plus il faut apporter sa tambouille ! Bon je vais au Monop, à plus !

Elle a déjà disparu. J'en profite pour m'octroyer un peu de temps libre et gérer les dernières urgences de la matinée.

Je croque une pomme en guise de déjeuner, quand de petits coups à la porte de mon bureau me rappellent à l'ordre. Agnès s'impatiente, l'heure c'est l'heure, et elle ne cache pas sa joie de sortir prendre l'air et, accessoirement, prospecter.

J'ai choisi le quartier de la chaussée d'Antin à Paris, tout près du boulevard Haussmann et des Galeries Lafayette, pour l'initiation terrain de ma dynamique collègue. Pour l'avoir testé avant, je sais que ce secteur n'est pas porteur, car il y a peu d'intérêt manifesté pour le système d'encaissement. Il m'offre au moins l'avantage de ne pas me décrédibiliser auprès des commerçants du quartier, avec telle acolyte à mes côtés. Nous avons juste à travailler le terrain, pas la validation commande.

Nous ciblons le premier magasin à visiter et je dispense à Agnès les précautions d'usage. Elle doit observer, ne pas intervenir, elle aura tout le loisir pour le restant de l'après-midi de prospecter toute seule et de mettre en application mes judicieux conseils.

Nous poussons la porte de la boutique et je me lance d'emblée dans le déroulé de l'argumentaire d'accroche, engageant une conversation avec la commerçante sur le bien-fondé de la mise en place d'un système informatique point de vente. Je suis à fond dans mon rôle, oubliant même que je suis accompagnée pour l'occasion d'une collègue à former, et pour cause, elle ne se tient pas à côté de moi. Prétextant la plaquette commerciale à chercher dans mon sac, je quitte du regard mon interlocutrice pour localiser ma collaboratrice dissipée. Accoudée sur un portant de vêtements, elle scrute l'animation de la rue ensoleillée, en nous tournant carrément le dos. J'abrège ce calvaire collectif et nous prenons congé de la commerçante. Visiblement, la prospection ne passionne pas Agnès. Elle tente quelques approches infructueuses dans les autres magasins et commence à montrer des signes de fatigue.

Elle pile en pleine rue et me dit :

— Ben franchement, je n'accroche pas à ce mode de prospection. Et ça paye quand ?

— Le principe de la prospection est bel et bien de constituer un fichier de commerçants qualifiés, qu'il faut ensuite traiter, suivre, relancer, avant de passer à l'étape suivante : celle du rendez-vous démonstration.

La moue consternée qu'elle m'envoie comme réponse me rassure sur le fait qu'elle ne maintiendra pas son expérience chez nous. Je me sens soudain plus légère, soulagée, presque détendue, mais ça ne dure jamais avec Agnès :

— Bon, on a le temps de se prendre un petit café !

— Non, il y a beaucoup de circulation, si tu veux nous le prendrons au bureau, d'autant plus que j'aimerais recueillir tes impressions sur cette première sortie.

— Ouais ben, je ne suis pas emballée, si tu veux savoir ! C'est bon, les contraintes j'ai déjà donné, et mon ancien patron, ça lui a fait tout drôle le petit passage par la case prud'hommes.

Arlette Laguiller est dans la place, je l'entendrais presque dire « Camarades, on vous spolie ». Je n'ai de cesse que de regagner le confort feutré de mon bureau, m'y enfermer à triple tour et surtout ne plus parler, ne rien faire, attendre la fin de cette journée qui m'a épuisée.

L'heure de sortie du bureau sonne enfin, elle me tend une bonne poignée de main, et m'informe qu'elle ne reviendra que le surlendemain.

Deux jours plus tard, je guette l'arrivée de l'ouragan et m'y prépare psychologiquement, oui, mais Agnès est en retard. Laurent ne tarde pas à m'annoncer qu'elle a finalement choisi l'autre offre d'emploi, et aussi incroyable que cela puisse paraître, elle me manque déjà !

14.

Best Stores, le grand compte

Les rayons de soleil égayent les prospections. Les terrasses de café se remplissent, les tenues vestimentaires s'allègent, les jours rallongent… Pas de doute, nous sommes en été. Me voilà rue Sedaine, près du quartier de Voltaire République, Quartier Temple de la Mode ! Les fabricants ont tous sorti des chaises devant la porte de leur magasin et discutent entre eux, comme dans les petits villages du sud de la France à l'heure de la sieste. Je marque un arrêt devant l'un d'eux, qui me connaît bien et avec qui j'ai créé un relationnel amical bien plus que commercial. Le moral n'est pas au zénith, et ni mes plaisanteries ni l'évocation des vacances d'été toutes proches ne le dérident. Je me mêle à la conversation et comprends vite le sujet de leur inquiétude. Le plus grand centre commercial d'Europe de la mode a ouvert en région parisienne, avec sa centaine de fabricants proposant un très grand choix d'articles tendance, à tout petit prix. C'est une vraie machine de guerre ! La clientèle commerçante déserte le quartier au profit de ce nouveau pôle de la mode et l'activité du lieu se réduit à néant.

Je tente d'atténuer leur pessimisme sur le devenir du quartier en évoquant la complémentarité plus que la concurrence, ils sont créateurs de modèles tendance avec une vraie part d'originalité très éloignée du déversement d'articles de masse proposés par le géant du prêt-à-porter voisin. Rien n'y fait!

Le moment est venu de jouer mon atout. Je les sensibilise à notre nouveau logiciel Blitz Net leur permettant de vendre en ligne et d'apporter croissance à leur volume de vente et chiffre d'affaires. Ils se groupent autour de moi et me pressent de questions, ils redoutent autant qu'ils espèrent cette nouvelle forme de commerce. Ils sont intéressés par cette idée et nous convenons très vite de nous retrouver à la rentrée pour en parler plus tranquillement. Je les salue et les laisse reprendre le fil de leur conversation un peu teintée d'espoir, avec au moins le sentiment d'agir plutôt que de subir. Je reprends mon chemin et réalise que ce quartier vit ses derniers moments, les grilles fermées de certains magasins en quête de repreneur, la rue vidée des commerçants chargés de sacs volumineux, s'interpellant, discutant au beau milieu de la chaussée, me confortent dans l'idée que nous vivons la fin d'une époque, d'un quartier ô combien emblématique.

La qualité de mes tournées commerçantes conditionne mon état d'esprit des jours suivants et là, tout est réuni pour que je laisse exprimer une humeur de chien. Hors de question de rentrer bredouille, je me contenterais même d'une promesse de rendez-vous pour la rentrée. Alors, je poursuis la prospection et me hasarde dans des rues, des endroits jamais explorés jusqu'alors, des passages inconnus, comme celui que j'emprunte là, regorgeant de boutiques de grossistes et de fabricants. Parmi les enseignes alignées les unes à côté des autres, je distingue nettement celle d'un grand nom de l'agencement de magasin, Best Stores, dont les lettres de lumière composant leur logo sur fond bleu m'attirent irrésistiblement.

Nous sommes en période de soldes et les commerçants affluent chez le spécialiste de l'équipement du point de vente pour acheter panneaux, affichettes, stickers qui décoreront leur vitrine. Une file d'attente impressionnante se constitue déjà pour passer à la caisse. J'attends patiemment mon tour et repère immédiatement le directeur du magasin qui gère son personnel en vrai chef d'orchestre, dans cette ambiance survoltée. Je profite d'un petit moment d'accalmie pour m'adresser à lui

— Bonjour, je ne vais pas vous retenir très longtemps, je suis Karine, Retail Log, éditeur de logiciel point de vente pour les commerces de détail. Nous mettons en place la solution complète d'encaissement, matériel et logiciel dans les magasins. J'ai vu que vous proposiez des caisses enregistreuses, mais pas de solutions comme la nôtre. Les deux systèmes sont parfaitement complémentaires, le logiciel d'encaissement intègre, en plus, la gestion de stock, la fidélisation client, le multimagasin et je me demandais s'il serait possible d'envisager le référencement de notre produit au catalogue.

J'ai sorti l'argumentaire en rafale. Il ne peut qu'être sensibilisé à ma proposition. Son rôle de responsable lui fait prendre une part active dans la stratégie commerciale du magasin, avec pour objectif la croissance du chiffre d'affaires. Il ne peut que prêter une oreille très attentive à ma proposition. Un sourire éclaire à présent son visage et il se présente à son tour :

— Enchanté Karine. Je suis Philippe, responsable Best Stores du magasin Paris, je ne voudrais surtout pas vous décourager, mais c'est le service achats du groupe qui se rapproche des fournisseurs. Pas l'inverse.

— Il ne donne généralement aucune suite aux demandes. Pour ma part, je trouve cette idée excellente. Cela nous permettrait de toucher un autre type de clientèle.

Philippe et moi mettons en place très vite le tutoiement dans nos échanges. Il se passionne pour cette idée de collaboration, essaie d'en savoir davantage sur le profil type de nos clients, me pose des questions et se projette déjà dans l'idée d'exposer, à grand renfort de communication, notre produit dans son magasin. Il est convaincu par cette idée. La relation qui s'installe entre nous prend une tournure amicale et revêt un caractère « extra normal », surtout quand je me mets à penser qu'il y a une heure à peine, on ne se connaissait pas.

— Bon, écoute, je vais te faire une proposition. Tu crois en ce produit, alors mettons en place une collaboration dans laquelle nous serons tous les deux gagnants. Je te laisse les plaquettes commerciales, tu les poses bien en évidence sur le meuble de caisse et on voit ! Si tu as de la demande, tu orientes vers moi les clients intéressés. On créerait ainsi un pôle test et en fonction des résultats, on avisera.

Il accepte et propose mieux :

— Ça marche ! En plus ça tombe bien, nous avons un séminaire prévu au siège Best Stores début septembre. Promis, je parle de toi !

L'été est propice pour réfléchir, penser, mettre en place des plans d'action et faire le plein d'énergie pour la rentrée. J'ai de quoi alimenter ma boîte à réflexions pendant les longues heures de farniente de ce mois de vacances qui s'annonce.

J'accuse toujours le même coup de blues à chaque retour au bureau, après l'interruption des vacances d'été. J'attends donc qu'il passe et il passe toujours, c'est juste une question de temps ! La machine se remet doucement en route : les réunions, le suivi des dossiers en cours et les projets occupent à nouveau à temps plein mes journées.

Les priorités gérées, je ressors de mon tiroir les notes prises à la hâte avant les vacances d'été lors de mon entretien avec Philippe au magasin Best Stores. Je les reprends une à une et commence à établir mon plan d'attaque. L'enseigne à laquelle je veux accéder compte un grand nombre de magasins sur toute la France et le simple fait d'imaginer ramener ce grand compte chez Retail Log me laisse entrevoir des lendemains qui chantent. De plus, les commissions sur chiffre d'affaires générées par ce grand compte auront une incidence plus que positive sur ma rémunération. C'est mon Eldorado professionnel, le projet pour lequel je vais me battre. Je me suis fixé l'objectif, je sais où je veux aller, mais pour l'instant ne dispose d'aucune piste pour y arriver, si ce n'est de renforcer le contact avec Philippe.

Je classe ce projet top secret et n'en parlerai pas à Laurent. J'ai tenté à plusieurs reprises de l'intéresser à des affaires sur lesquelles je travaillais, nous ne les avons jamais menées à bien. Il joue l'impatience alors que je mise tout sur la stratégie. Il veut aller trop vite et ne comprend pas que la négociation commerciale se construit lentement. C'est une partie de poker où chacun des participants prend un temps plus ou moins long de réflexion avant d'abattre une carte. Depuis, je garde bien à l'abri de ses conseils les dossiers en cours.

C'est la coutume, la réunion de rentrée qu'affectionne tout particulièrement Laurent a lieu aujourd'hui. Elle est l'occasion de déployer les vastes plans sur la comète qu'il envisage pour Retail Log.

Il déborde d'énergie innovante, ambitieuse et met tout en œuvre pour nous convaincre du réalisme de ses idées. Nous l'écoutons avec attention, lui offrons même en retour le sourire de complaisance qu'il attend. Mais si la tête dit oui, la lucidité face au tableau qu'il nous dépeint nous fait penser non. Il tente de galvaniser les troupes, comme chaque année, avec le même discours et nous, on fait semblant d'y croire, mais ce n'est pas tout ça, on a du travail. Surtout pas de questions, de remarques, d'observations de notre part. Seule l'envie de retrouver nos tâches quotidiennes bien concrètes aurait envie de s'exprimer.

Je retrouve ainsi mon bureau et constate plusieurs appels en absence de Philippe de Best Stores, sur mon portable. Il m'a devancée dans cette nouvelle prise de contact et je suis partagée entre la surexcitation à l'idée de voir notre projet prendre belle tournure et la peur d'entendre qu'il s'est réduit à néant. C'est dans cet état d'esprit que je compose son numéro.

— Philippe, bonjour, c'est Karine, tu as cherché à me joindre ?

Je ressens tout de suite le malaise installé par sa manière de prendre le temps pour formuler sa première phrase. À la recherche de ses mots, il se décide enfin à m'exposer le but de son appel.

— Oui, pour tout te dire, je n'ai pas une très bonne nouvelle à t'annoncer. Je sors du séminaire au siège dont je t'avais parlé. Best Stores vient de référencer un logiciel d'encaissement au catalogue, ce qui remet fortement en cause la collaboration dont on avait parlé.

J'encaisse le coup et amorce mentalement un rapide travail de réflexion pour réagir avec discernement, accepter l'échec tout en donnant le change et l'exercice s'avère difficile. Je conserve un ton professionnel teinté d'une déception envahissante pour lui répondre.

— Ah oui, tu as raison, ça, c'est de la mauvaise nouvelle ! Et qui est l'heureux élu ?

— Simply Caisse, tu connais ?

— Jamais entendu parler !

Pendant que Philippe me relate les circonstances de l'annonce du siège pour le référencement de ce produit concurrent, je lance immédiatement une recherche Google sur la fiche identitaire du candidat retenu. J'apprends aussitôt qu'il s'agit d'un éditeur de logiciels qui a peu d'années d'existence, et surtout qui propose un produit uniquement lié à l'encaissement. Je simplifierai en décrivant son système comme une caisse enregistreuse informatique, qui n'a rien à voir avec l'expertise et la diversité de notre offre. Nous ne sommes même pas concurrents !

Rien n'est perdu alors ! Je reprends confiance et décrète, en mon for intérieur, que le projet de collaboration n'est pas abandonné ni perdu, il est juste en pause.

— Je viens d'effectuer une recherche sur Google. Il faut juste que tu saches que ce produit n'a rien à voir avec le nôtre, c'est juste une caisse enregistreuse intelligente, pas de gestion de stock, ni de fidélisation client et pas de multimagasin, non plus.

— Ah bon ? J'irai regarder sur leur site. En plus, on a eu une rapide démonstration du logiciel, ça a l'air d'un compliqué !

Il ne m'en faut pas plus pour rebondir, plus pugnace que je ne l'ai jamais été, pour faire part à Philippe de ma proposition. Je mène le jeu et je ne lâcherai pas, il y a trop à perdre !

— Bon, si tu es d'accord avec moi sur le principe, je suggère que nous maintenions la collaboration telle qu'on l'a mise en place initialement. Tu laisses mes plaquettes commerciales à disposition de ta clientèle et pour toute demande non gérée par le concurrent retenu, tu les orientes vers nous.

— OK, je joue le jeu ! Je te tiens au courant et vraiment désolé.

Me sentir soutenue, accompagnée par Philippe, me redonne confiance. Nous avons réussi à établir une relation commerciale harmonieuse, basée sur la franchise, la complicité, la même vision des choses. Elle ne peut, ne doit pas s'arrêter en si bon chemin.

Je reprends mon activité de commerciale à la petite semaine, si éloignée de l'objectif que je m'étais fixé. Je remonte sur ma barque alors que j'ai eu un instant la possibilité de monter sur un hors-bord ! Je suis vite reprise dans le tourbillon des affaires courantes, des épineuses négociations, des hauts et des bas. Je ne manque jamais lors d'un passage dans le quartier d'aller rendre visite à Philippe. Le projet est bel et bien oublié, alors nous parlons de choses et d'autres. Nous sommes dans une relation amicale, plus que professionnelle, et rions beaucoup à l'évocation de nos cas clients qui nous donnent du fil à retordre.

Les mois succèdent aux mois et je commence à me résigner à archiver définitivement le projet de grande ampleur que j'eus l'audace d'envisager un jour. Je range cet échec dans le cycle d'apprentissage par l'expérience, et n'y pense plus du tout, jusqu'au jour où…

Je sors d'un rendez-vous important. Cet après-midi-là, j'ai rencontré le directeur commercial d'une enseigne de renom dans la mode masculine. Il est intéressé par l'idée d'installer notre système informatique dans l'ensemble de son réseau. Il m'a laissé entrevoir un second rendez-vous avec le responsable informatique, pour lequel j'irai accompagnée de Laurent, qui nous confortera dans le bon avancement du dossier.

Un rapide coup d'œil sur mon portable affiche trois appels en absence de Philippe. Le fameux client tant attendu à la recherche d'une solution informatique performante a dû se présenter en magasin, et il veut des informations complémentaires, je ne vois que ça. Parfaitement détendue et satisfaite de la teneur de mon rendez-vous du jour, j'attends de rejoindre ma voiture pour téléphoner à Philippe. La fin de journée s'annonce déjà et je me fais la réflexion qu'il sera plus disponible pour me parler tranquillement.

— Allô Philippe ? Bonsoir, c'est Karine, tu as cherché à me joindre ?

— Ah, c'est toi, j'attendais ton appel !

Le ton qu'il emploie dans sa réponse lui donne un caractère de petite urgence, d'embarras, de situation compliquée à gérer, bref, pas de discussion légère en perspective.

— Je sors d'un rendez-vous épuisant, que se passe-t-il ?

— Il y a un gros coup à jouer et quand je dis gros, je devrais dire énorme ! Mais il faut agir très vite, pour demain ce serait génial !

— Mais de quoi s'agit-il ?

— Tu te souviens de Simply Caisse qu'on a référencé au catalogue il y a six mois ? Eh bien, ils nous ont laissés en rade, ont mis la clé sous la porte et laissé sur le carreau nos clients qui se retrouvent avec un logiciel défectueux pour lequel aucune maintenance n'est assurée. L'image Best Stores en prend un sacré coup et c'est la panique à bord. J'ai parlé de toi à la direction générale et ils m'ont donné carte blanche pour trouver une solution rapide au problème. Il faudrait que ta société assure le suivi des logiciels implantés avec intervention pour les remettre en bon fonctionnement. Le plus tôt serait le mieux, il y a donc urgence. Ça te semble possible ?

Là, comme ça, dans le fond de ma voiture, avec le relâchement de la pression du rendez-vous qui se fait sentir, c'est le chaos dans mon esprit. Ce revirement de situation au moment où je ne l'attendais pas me prive de mot, de réaction, et pourtant le ton interrogatif de Philippe appelle une réponse de ma part.

Je balbutie :

— Difficile de te répondre là comme ça, donne-moi la soirée, je te rappelle demain matin.

— Super, je leur ai dit au siège, « avec Karine, la devise c'est action-réaction », je compte sur toi, à demain.

Et il raccroche avec ce sourire dans la voix. Celui-là même que nous avons tous ressenti un jour ou l'autre quand on passe la patate chaude à quelqu'un d'autre, et moi, elle me brûle les doigts. Je dois régler la situation ici et maintenant, dans ma voiture, car elle revêt un caractère d'urgence et fait renaître de ses cendres le projet de collaboration Best Stores qui me tient tant à cœur. Sans même m'en rendre compte, j'entends la tonalité d'appel à mon sauveur du moment, Laurent. C'est en effet le soir qu'il se rend le plus disponible, dévoré par l'envie de parler, de mettre sur la table les sujets de conversation les plus improbables juste par plaisir d'échanger hors des heures de bureau. Nous sommes en parfait décalage horaire et on peut dire que là, ça m'arrange fortement.

— Allô !

— Laurent c'est Karine, je ne te dérange pas ?

— Jamais ! Justement j'attendais ton appel. Alors, ce rendez-vous ?

Ce « jamais » que j'aime tant entendre me rassure, me donne le gage de l'oreille attentive, de l'écoute comme une acceptation inconditionnelle dans le partage d'un fardeau quelquefois trop lourd à porter toute seule.

— Très bien, mais ce n'est pas pour ça que je t'appelle !

— Ah, alors vas-y, je t'écoute !

Je lui expose de manière claire et limpide les données du problème, insistant sur la chance qui s'offre à nous de voir une collaboration fructueuse se mettre en place avec le leader des enseignes d'équipement des commerces de détail. Il percute très vite, me félicite au passage d'avoir toujours maintenu le fil de la connexion avec Philippe, et tranche :

— OK, on fonce ! Dis-lui qu'on accepte de relever ce défi, insiste sur le fait qu'il est de taille ! On ne pourra toutefois pas assurer la maintenance sur un logiciel qui n'est pas le nôtre. On va donc remplacer les logiciels défectueux par le nôtre, gratuitement avec pour contrepartie le référencement de nos produits dans leur catalogue ! On en parle demain au bureau !

Je rappelle aussitôt Philippe pour lui annoncer la bonne nouvelle. Le lendemain à la première heure, il me confirme la mise en place officielle du partenariat.

La chance est un paramètre dont il faut tenir compte dans l'activité du commercial, ça tient souvent à peu de choses, un concours de circonstances, une opportunité. Elle représente le turbo du moteur qui nous propulse plus vite que les autres à l'atteinte d'un objectif, elle ne doit être ni ignorée ni encensée. Néanmoins, j'ai la certitude qu'elle ne vient pas à nous de manière hasardeuse. On provoque la chance, on va à sa rencontre et c'est bien connu, elle aime sourire aux gens qui agissent ! On apprend de ses échecs, encore plus de ses victoires et je viens de prendre une très belle leçon.

15.

Le grand chambardement

Laurent organise un « pot champagne » dans l'après-midi pour fêter l'évènement et réunit tous les services pour annoncer officiellement la nouvelle. Le contrat vient d'être signé et l'ensemble des produits Retail Log sera désormais référencé au catalogue Best Stores. Il s'attarde ensuite sur mon travail et me félicite pour avoir osé sortir du cadre limité à la seule réalisation de mon objectif, avoir su déclencher l'opportunité et l'avoir menée à sa victorieuse concrétisation. Il affirme sa fierté de compter une personne comme moi dans l'entreprise et ne tarit pas d'éloges à mon égard, ce qui a tendance à raviver ma gêne à recevoir des compliments. Je suis à court de la répartie teintée d'humour dont j'use d'habitude, alors je le remercie simplement. Les collègues se pressent autour de moi, lèvent leurs verres à ma santé, m'applaudissent et moi, j'ai juste l'impression de vivre un rêve. Je me remémore toutes les étapes traversées sur ce dossier avant d'en arriver là.

Cette réunion a également pour but d'associer toutes les équipes à la réussite de ce projet et de tracer les grandes lignes des possibilités d'avenir en s'assurant de la collaboration de chacun. Best Stores n'est pas un client comme les autres. Nous devrons nous adapter aux exigences du grand compte, nous rendre disponibles, briguer la perfection. Obtenir le référencement, c'est bien, le conserver dans le temps, c'est mieux !

Laurent se livre ensuite à la présentation des statistiques chiffre d'affaires reposant sur le volume des ventes, et c'est faramineux ! Nous sommes pris de vertige à cette idée. Il enchaîne aussitôt sur le travail colossal que chacun des services devra assurer, il envisage déjà l'embauche de nouveaux techniciens, car c'est mathématique, notre structure d'entreprise dans son contexte actuel ne pourra faire face à cet accroissement d'activité. Il faut agir, et vite.

Nous sortons de cette réunion à la fois heureux et inquiets par le simple fait que nous ne maîtrisons ni tenants ni aboutissants de la situation. La peur de l'inconnu s'exprime dans tous les services, à commencer par le mien. Je mesure l'ampleur de la tâche insurmontable qu'il nous reste à accomplir pour lancer la machine.

Je reprends le cours normal de mes activités commerciales dans l'attente de la mise en place effective de la collaboration avec Best Stores. Je consacre mes journées aux rendez-vous de démonstration, établissement de devis, négociation, et validation de bons de commande.

Laurent surgit un matin, dans mon bureau, signe d'urgence qui met tous les sens en alerte. Il vient de s'entretenir avec la responsable des achats Best Stores qui attend de notre part une communication marketing des offres logiciel qui figureront sur le catalogue, dont le bouclage est prévu pour la fin du mois, soit dans un compte à rebours de trois semaines, et nous n'avons pas la moindre ébauche de la présentation qu'ils attendent. Naïve que je suis en pensant que Laurent confierait cette partie à un consultant externe. Il m'explique que c'est impossible, seul un membre de notre société est à même de mettre en avant les arguments de vente forts et percutants pour pousser les produits en magasins. Son regard s'attarde longtemps sur moi et je comprends très vite que je suis la désignée d'office pour définir cette stratégie de communication. Je lui réponds faiblement que je ne suis pas experte en la matière et, d'un revers de main, il balaie mon objection. Il me rassure et me précise que cela va de soi, je serai aidée par une agence pour la mise en œuvre opérationnelle. Il m'informe avoir confié ce travail à Isabelle de l'agence Un Jour, Une Com qui ne va pas tarder à se rapprocher de moi. Me voilà rassurée ! C'est la spécialité de Laurent, la mise devant le fait accompli. Il la pratique comme personne, il lève le pouce en signe de victoire et quitte mon bureau.

Il revient tout de suite sur ses pas pour me remettre la feuille A4 qu'il tenait en main, une ébauche de la communication qu'il a envisagée, puis repart avec la conscience du travail accompli. Il pose ainsi la première pierre à l'édifice. Un rapide regard sur le document me donne juste envie de hurler mon désespoir, de m'arracher les cheveux ou de partir en courant sans m'arrêter. Un gribouillis vert au libellé, « Retail Log c'est mieux ! » et des collages grossiers de photos de matériel informatique, voilà !

Il me rappelle en fin d'après-midi pour me préciser qu'il y a urgence, et qu'il souhaiterait pouvoir disposer de la présentation commerciale en fin de semaine prochaine. Il vient là de m'achever ! Je vais avoir le week-end pour me remettre, relâcher cette pression et libérer mon esprit pour réfléchir.

Ma fille a intégré une école de commerce spécialisée dans le marketing depuis trois ans, elle seule pourra m'aider à mettre en forme les idées de présentation qui affluent dans mon esprit, mais en pièces détachées. Elle relève le défi et accepte de m'aider. Nous convenons de deux sessions de travail, l'une consacrée à la mise en place du fil conducteur de la communication, l'autre à la présentation des offres.

Nous nous installons, elle et moi, dans le salon, débarrassées de nos téléphones et de tout ce qui pourrait détourner notre attention de la feuille blanche en évidence sur notre table de travail.

Elle chausse ses lunettes, ramène ses jambes sous elle, se lovant dans le canapé, avec son bloc-notes et stylo comme seules armes pour jouer avec le poids des mots, mettre en forme mes idées, jongler avec les tournures de phrase, les slogans et établir la stratégie de communication. Je maîtrise le fond, elle, la forme. À nous deux, on devrait pouvoir gérer.

— Bon, parle-moi sans retenue de la présentation des produits Retail Log, telle qu'idéalement tu voudrais la voir en place chez Best Stores

Cette simple question libère mon inspiration et je vois la communication percutante, mais j'ai encore du mal à formuler, alors je parle et elle écrit :

— Tu vois par exemple, nous créerions des Box de couleur facilement repérables qui indiqueraient le niveau des fonctionnalités par configuration, allant de la plus simple à la plus complète.

— Pas mal ça, vas-y, développe !

— Eh bien, une boîte verte pour la Box Simply, avec le logiciel qui gère uniquement la caisse, une boîte blanche pour la Box Plus qui rajoute la gestion des stocks, une boîte jaune pour la Box Premium qui contient l'ensemble des fonctionnalités du logiciel, sans oublier de bien mentionner que nous proposons un logiciel spécifiquement développé par métier.

— C'est très bon, ça, le code couleur, très parlant ! Bon, donne-moi maintenant des mots forts, percutants que tu utilises dans ton argumentaire commercial et qui ont de l'impact sur les commerçants que tu prospectes.

— Simple d'utilisation, efficace, performant, clé en main, rentabilité.

— C'est bon ça, j'ai ce qu'il me faut pour travailler !

Elle remplit des pages et des plages du bloc-notes dont elle tourne les pages frénétiquement en mordillant le capuchon de son stylo, elle s'interrompt de temps en temps, cherche l'inspiration, les yeux levés vers le plafond, puis écrit encore pour finalement poser le bloc sur la table et me dire :

— On la tient, là, ta com, Mum ! Laisse-moi remettre tout ça en forme, on se retrouve demain même heure, même endroit !

Instantanément, nous retrouvons nos liens mère-fille et clôturons cette session de travail par une discussion plus légère, en nous donnant rendez-vous pour le lendemain.

Nous revoici donc au même endroit pour la session travail du jour. Ma fille me rejoint dans le salon, avec une grande pochette bleue renfermant des documents. Elle ramasse ses longs cheveux en chignon qu'elle maintient avec un crayon, s'assied à même le sol, en repliant ses longues jambes sous elle, puis étale l'ensemble des documents contenus dans la pochette. J'ai sous les yeux la présentation de la communication Best Stores, dans son intégralité, telle que je l'avais imaginée.

Elle a même confectionné un petit livret de plusieurs pages consacrées à la description détaillée des packs. Elle articule la stratégie marketing autour des boîtes de couleur, d'un grand présentoir, à placer en centre de magasin de façon à le rendre visible par toute la clientèle, et de petits fascicules explicatifs détaillés en guise de plaquettes commerciales. Elle a repris dans la communication présentée tous les critères que j'avais évoqués avec elle la veille, les spécificités métier et les mots accrocheurs de mon argumentaire commercial. C'est juste de la magie !

Elle m'indique ensuite la marche à suivre, elle appellera Isabelle de l'agence de com Un Jour, Une Com, lui fera parvenir les fichiers de sa réalisation pour une mise en œuvre finale de la présentation communication qu'elle validera avec elle.

Je suis impressionnée par sa faculté à avoir saisi exactement ce que je souhaitais exprimer, l'angle d'attaque que je voulais adopter, en basant cette stratégie marketing sur la simplicité d'utilisation du logiciel défendue par un argumentaire facile d'interprétation. Elle m'explique que nous venons de pratiquer le marketing collaboratif qui consiste à impliquer le client final dans la réalisation de la communication du produit qu'il souhaite lancer.

Je ne résiste pas à l'envie de lui montrer l'ébauche de présentation des produits vue par Laurent : la feuille A4, les gribouillages verts fluo, les collages baveux et le message si adapté, qui ont eu au moins le mérite de provoquer un fou rire dont on se souvient encore aujourd'hui.

De retour au bureau le lundi, dès l'arrivée de Laurent, je déploie sous ses yeux l'ensemble des éléments de la communication que nous présenterons à Best Stores. Il est impressionné par l'aspect professionnel de la réalisation et me prie instamment de féliciter ma fille en son nom pour la qualité de son travail. Il évoque cependant un problème : cette communication doit être validée par le service marketing Best Stores. Ils ne s'embarrasseront pas pour la rejeter dans son intégralité si elle ne leur convient pas, il faudra alors tout recommencer.

Je rejoins aussitôt mon bureau pour envoyer par mail notre présentation de produits au responsable de la communication de l'enseigne, en lui indiquant dans mon message d'accompagnement que cette présentation se sert de mon argumentaire commercial qui a fait ses preuves, dans la façon de s'adresser simplement et directement aux commerçants. Et j'envoie !

La journée n'en finit pas, les yeux rivés sur ma boîte mail dans l'attente de la réponse. Elle arrive en fin d'après-midi. Le service marketing valide la présentation de produits conçue et réalisée en binôme avec ma fille. Ils apprécient par-dessus tout le message clair, le ton pertinent et la communication adaptée à leur clientèle. Nous fêterons toutes les deux l'évènement au cours d'un petit resto entre filles, je suis très fière de notre collaboration.

Isabelle de l'agence Un Jour, Une Com prend le relais dans la mise en œuvre de toute la communication en créant tous les supports publicitaires et les visuels que nous implantons dans chacun des magasins du réseau Best Stores.

L'allégresse qui nous transporte à cette idée ne dure hélas ! qu'un temps. En effet, voilà une quinzaine de jours que notre support publicitaire trône en bonne place chez Best Stores et, pourtant, les ventes ne décollent pas. On le sait, l'enseigne adopte la politique de la grande distribution.

Si le produit ne se vend pas ou mal, on le retire du circuit. Retail Log a investi temps et argent pour cette mise en place et il est juste inconcevable d'envisager tel échec. Là encore, Laurent place tous ses espoirs en moi afin de dénouer la situation.

J'appelle un à un les magasins du groupe afin de recueillir les remarques et observations des responsables, et la sentence tombe.

Le mode de vente de Best Stores s'assimile à du libre-service. Les clients en magasin circulent dans les rayonnages pour acheter les articles dont ils ont besoin. Or un logiciel comme le nôtre nécessite des conseils à la vente, surtout pour un produit qui avoisine le millier d'euros à l'achat. Alors, ne percevant pas l'intérêt d'un tel système en magasin et rebutés par le prix affiché, les commerçants le boudent. Les conseillers n'ont pas les compétences pour se substituer au commercial du logiciel, ils ne maîtrisent ni la technique ni l'argumentaire de vente pour pousser le produit en magasin. Nous sommes dans une impasse !

Laurent ne manque pas chaque jour de me rajouter de la pression pour trouver une solution rapide, il cherche bien de son côté, mais sans succès. C'est alors que surgit l'idée : innovante, originale, inédite, mais qui a des chances de faire s'envoler les ventes. Il s'agirait de mettre en place ce que j'avais initialement proposé à Philippe. Les conseillers des magasins auraient juste à aiguiller vers moi les clients intéressés que je renseignerais pour ensuite les prier de retourner en magasin, valider leur commande.

Je donne l'information auprès du groupe Best Stores, et on attend fébrilement le résultat de cette stratégie de la dernière chance. Et ça marche ! Au-delà de toutes nos espérances même. Je consacre tout mon temps aux clients envoyés par les magasins, qui achètent nos produits. Les responsables des magasins n'en reviennent pas de voir cette technique « de bon sens » mise en place assurer une croissance non négligeable de leur chiffre d'affaires.

Non contente de renseigner les clients, j'encadre également les équipes de vente pour les inciter à exécuter de la vente active. Ils doivent à présent pousser le client à l'acte d'achat, en suggérant, suscitant le besoin et lui donner la sensation que c'est lui qui choisit.

Je reste toujours en contact avec Philippe, mon partenaire du premier jour dans cette belle aventure, qui a cru en moi et m'a accompagnée dans la concrétisation de ce projet fantastique. Il est aujourd'hui directeur régional et supervise un ensemble de magasins sur son secteur.

Un nouveau catalogue Best Stores est en création et le service marketing nous demande de réactualiser notre communication. Je déclare forfait, car mon temps ne m'appartient presque plus et que ce n'est pas mon métier. Laurent doit bien s'y résoudre, il va recruter une « marketeuse ». Tout est sous contrôle, je suis rassurée.

16.

Les marketeuses

Laurent fait irruption dans mon bureau à une heure très matinale. Je ne l'ai même pas entendu arriver.

— Karine, j'ai embauché une responsable marketing. Elle commence demain et je souhaiterais que tu ne lui parles pas, même si elle occupe une place dans l'espace commercial. Je veux qu'elle se fasse sa propre idée sur la communication, sans aucune influence. On fera un point après.

Et… et c'est tout. Je ne comprends rien à sa demande. Et pourquoi je ne souhaiterais pas la bienvenue à celle qui va nous sauver la mise ? Alors que j'ai juste envie de lui faire l'accueil jet de pétales de rose sur son passage, moi. À vrai dire, je ne cherche même pas à comprendre. J'ai depuis longtemps pris l'habitude avec lui d'éventuellement étudier ses consignes liées au bon fonctionnement du service commercial et de ne jamais m'attarder sur celles empiétant sur ma liberté de penser et d'agir.

Il est comme ça Laurent, il se comporte avec ses salariés en bon père de famille outrepassant quelquefois largement le champ d'action tolérable. Je l'attends avec impatience la nouvelle responsable de la communication et du marketing, d'autant plus que nous allons être amenées à travailler ensemble.

J'accueille Camille avec le sourire qui ne me quitte jamais en pareilles circonstances, je fais preuve de grande convivialité à son égard. Elle semble intimidée et laisse transparaître dans chacun de ses gestes, de ses mots une sensibilité à fleur de peau. Elle arbore la tenue moderne des jeunes femmes actives et contemporaines. Un chignon ramassé bien haut sur le sommet de la tête qui lui donne l'air d'une ballerine et ses lunettes posées sur le bout de son nez qui agrémentent un petit style intello qui lui va trop bien.

Je la laisse s'installer, prendre ses marques dans son nouvel espace de travail et m'assois sur un coin de meuble de bureau, bras croisés, en l'observant. Elle parle sans retenue, se raconte, trace son parcours professionnel qui l'a menée à postuler pour la candidature au poste de responsable marketing. Je lui raconte l'aventure Best Stores, la vie au travail, les équipes, la collaboration que nous mettrons en place toutes les deux. En une heure d'échanges soutenus, nous ressentons la même impression, celle de nous connaître depuis toujours. Cette fille est estampillée par mes propres valeurs, principes, fondements de vie, elle est de ma famille.

Nous continuons à mieux faire connaissance et elle me confie les épreuves qu'elle a traversées. Je suis frappée par cette profonde maturité de réflexion, d'analyse, de recul sur elle-même, sur les autres, et cette douceur, cette délicatesse, ce voile de fragilité qui l'enveloppe, comme pour mieux gommer les contours encore un peu saillants des séquelles de souffrance qu'elle veut dissimuler. Camille est la franchise, la sincérité incarnée. Elle a, de plus, un sens de l'humour et un don de l'observation affûtés dont elle use et abuse. Notre différence d'âge assez marquée ne transparaît pas dans nos échanges. Elle a déjà compris qu'elle pourra toujours compter sur moi. Nous redoublons de rire quand elle me dit ne pas avoir compris les consignes de Laurent l'engageant à ne pas me parler pour garder un œil neuf sur la communication à mettre en place. Je vois déjà se profiler le malaise lié au décalage de leurs personnalités. Elle marche droit quand lui avance sinueux.

Elle s'intègre parfaitement aux équipes et commence à s'attaquer à la lourde tâche de réactualisation de la communication Best Stores. Elle définit déjà les grandes lignes de sa stratégie marketing.

De mon côté, je suis pendue au téléphone des jours durant en contact avec les magasins du groupe, pour renseigner, effectuer des démonstrations et valider les bons de commande. Il me reste peu de temps pour m'occuper de mes propres prospects, mais avec un peu d'organisation, je parviens à gérer les deux sources de chiffre d'affaires.

En quelques semaines, Camille a déjà totalement pris ses marques dans l'entreprise, observe avec un certain recul son organisation et son fonctionnement, et me fait souvent remarquer que je ne suis pas appréciée à ma juste valeur par la direction. Elle a raison et je le sais. Elle revient sur certaines de mes contrariétés liées à l'ambiance au bureau, le total désintérêt de Laurent pour mon service, ses marques d'injustice à mon égard et fait renaître la sensation de malaise qui ne me quitte pas depuis un long moment déjà.

Rien ne va plus entre lui et moi depuis quelques mois, sans que je n'en comprenne la raison. Je maintiens une croissance à mon chiffre d'affaires, continue à m'impliquer dans l'exercice de mon travail et lui affiche une indifférence à mon égard particulièrement déstabilisante. Il m'ignore alors qu'il devrait me féliciter. J'ai maintes fois essayé de provoquer une discussion avec lui, en vain ! Je choisis de renoncer à aller sur le chemin de la confrontation avec lui, et m'adapte à la situation du mieux que je peux. J'ai le sentiment d'être victime d'une profonde injustice. Je la mettais sur le compte de mon interprétation parfaitement subjective, mais elle se retrouve confirmée, avérée, aujourd'hui par le témoignage révolté de Camille, il ne s'agit plus d'une vue de l'esprit, mais bel et bien d'une réalité, et ça me trouble au plus haut point.

Le comportement de Laurent fait des ravages auprès des salariés. Nous sommes tous logés à la même enseigne ou presque, car cette attitude empreinte d'ingratitude a un retentissement plus profond sur moi. La part d'affection qui s'est installée dans notre relation fait que la situation me peine, alors que je devrais simplement être énervée. Nous avons travaillé ensemble, il m'a appris un métier, a fait preuve d'indulgence avec moi, m'a souvent soutenue, je me sens redevable et accepte l'inacceptable. Camille s'en offusque et me précise, au cas où je l'aurais oublié, qu'il n'a rien fait de plus que son devoir envers une salariée qui débutait.

Elle a rendez-vous ce matin avec lui et manifeste un peu d'appréhension à l'idée de devoir lui présenter le plan de communication Best Stores. Elle a en effet bien noté le caractère imprévisible du personnage qui nous donne la sensation de jouer à la roulette russe à chaque fois que nous nous rendons dans son bureau.

Je travaille sur mes activités du jour, quand des éclats de voix, des cris, et des portes qui claquent, provenant du bureau de Laurent, mettent mes sens en alerte. Camille déboule presque au même moment dans l'espace commercial les yeux rougis, saisit nerveusement sa veste et quitte le bureau avec fracas. Je la rejoins aussitôt, et nous nous installons dans un café au coin de la rue pour discuter tranquillement.

Laurent établit un relationnel particulier avec ses équipes. Plus le salarié marque des signes de bien-être au bureau, plus il fait preuve d'autorité à son égard. La notion de dépendance, d'acquis prend toute son importance dans ce type de comportement.

Il estime que si le salarié reste, c'est qu'il se sent bien, lui est attaché. Il reprend alors l'ascendant sur lui pour imposer ses idées sans aucune forme de ménagement.

Camille vient d'en faire les frais. Laurent a remis en cause son travail, avec le ton de voix caractérisé qui interdit la réponse. Elle aurait voulu défendre son projet, expliquer, démontrer, mais il lui en a très rapidement fait passer l'envie. Le pire, c'est qu'elle ne sait toujours pas ce qu'il reproche au plan de communication présenté. Elle devra chercher !

Elle vit très mal les atteintes dévalorisantes sur sa personne. Elles la renvoient à un passé de grande souffrance professionnelle qu'elle voudrait oublier. Je sais, à ce moment précis, qu'elle partira !

Et de fait, plus les jours passent, plus elle relativise, adopte une attitude de détachement, s'amuse même des emportements de Laurent, pour finalement nous annoncer qu'elle démissionne. Elle rejoint une entreprise internationale qui lui offre une opportunité de carrière à hauteur de ses qualités professionnelles. Elle retrouve le sourire et profite de ces instants comptés dans l'entreprise pour me parler plus directement et, surtout, m'inciter à partir, quitter cette société qui ne m'accorde pas la place que je mérite. Elle appuie juste là où ça fait mal. Je souffre de ce manque de considération, de ma carrière au point mort, des projets envolés, et, surtout, de la relation avec Laurent qui s'effiloche de jour en jour.

Il encaisse la nouvelle de plein fouet, se ressaisit pour n'en rien laisser paraître et dans la foulée charge Camille de trouver sa remplaçante au service marketing, car les salariés passent, d'autres leur succèdent, les demandes d'emploi affluent et la vie continue. En théorie peut-être, car côté pratique, le moins que l'on puisse dire est qu'il ne croule pas sous les candidatures.

Camille entame déjà son dernier mois de préavis, juste à temps pour passer le relais à sa remplaçante, Mélanie, qui arrive du sud de la France. Elle adopte des allures de jeune étudiante, avec ses cheveux longs tombant sur ses épaules et une attitude déterminée, volontaire qui laisse entrevoir un caractère bien trempé. Nous n'avons pas le temps de vraiment lier connaissance, car elle se retrouve très vite entraînée dans la spirale de l'intégration dans l'entreprise. Elle passe beaucoup de temps avec Camille pour se familiariser avec la stratégie de communication et s'adapter aux idées peu conventionnelles de Laurent sur sa mise en application. Elles se ressemblent dans leur différence, la même fragilité émotionnelle que l'une dévoile et que l'autre dissimule.

Nous apprenons à mieux connaître Mélanie qui, fraîchement débarquée à Paris, doit s'adapter au rythme effréné de la capitale, trouver de nouveaux repères loin des siens et commencer un nouveau travail.

L'une part, l'autre reste et Mélanie reprend les commandes du service marketing. Son bureau jouxte le mien et je me retrouve assise sur le même coin de meuble qui m'avait vue accueillir Camille pour entamer la conversation qui nous permettra de faire plus ample connaissance. Mélanie est secrète, réservée, refrène tout élan de spontanéité, parle peu et préfère observer. Notre relation se limite à la collaboration professionnelle mise en place entre nos deux services. La proximité quotidienne dans la complémentarité de nos tâches nous pousse à nous rapprocher, à développer une belle complicité. Elle sait lire en moi et devine le tourment qui accapare tout mon esprit. Elle se révolte sur ma passivité assumée, face à l'injustice manifeste de Laurent à mon égard et me pousse à me ressaisir, à réagir.

Elle est troublée par l'ambivalence de ma personnalité qui délaisse la force de caractère au profit d'une faiblesse résignée, face à Laurent. Il me fait perdre tous mes moyens !

J'ai conscience de jouer avec mon état émotionnel de manière dangereuse et réalise que mon départ s'avère être la seule solution salvatrice. Je mets enfin des mots sur les maux, et c'est un bon début !

Mélanie a mené à bien la mise en place de la nouvelle présentation de nos produits dans le groupe Best Stores et les résultats ne se font pas attendre, le volume des ventes est en forte croissance. Tout irait pour le mieux dans le meilleur des mondes si elle ne commençait à manifester quelques signes de découragement, d'ennui, dans l'exercice de son activité. À sa manière de franchir le seuil de mon bureau, ce matin-là, je sais déjà ce qu'elle va m'annoncer :

— Je tenais absolument à te l'apprendre avant même d'en avoir parlé à Laurent.

— Alors tu pars !

— Oui, une proposition comme celle-là ne se refuse pas. Je suis impatiente de rejoindre cette boîte, une vraie structure, de belles perspectives d'évolution, je prends mes fonctions dans trois mois.

— Trop contente pour toi, tu le mérites tellement et on ne se lâchera pas, jamais !

Laurent ne lui cherchera pas de remplaçante et reprend lui-même la gestion du service marketing.

Il y aura un avant et un après l'irruption bouillonnante de ces deux petites fées dans ma vie. Elles ont désacralisé ce que j'idéalisais et, avec patience, ont donné un nouveau sens à ma vie professionnelle. C'est désormais une certitude pour moi, je pars !

17.

Mon départ

Je veux mener à bien mon projet de départ, sans culpabilité aucune et en parfaite connaissance de cause. J'analyse la situation de la manière la plus objective qui soit, laissant de côté la part affective, pour mieux me concentrer sur l'essentiel. Le service commercial est à l'abandon, plus aucun poste de dépense n'est envisagé pour son développement. Je peine, malgré ça, à maintenir un chiffre d'affaires en perpétuelle évolution, sans aucune considération et pour cause, je fais partie des acquis. Laurent le sait, mon âge me range dans la catégorie des jeunes seniors, ce qui constitue un sérieux frein à l'emploi. Je n'ai d'autre choix que de me contenter de ce que j'ai la chance d'avoir. Pourtant, la concurrence recherche en permanence des commerciaux terrain d'expérience, mon année de naissance deviendrait alors un atout, au regard des compétences que je serais prête à mettre à sa disposition.

Je vais vendre mon âge comme une valeur d'expertise, de savoir-faire et le simple fait d'avoir porté un regard différent sur ma personne me redonne confiance et motivation. À moi le marché de l'emploi !

Je reçois bon nombre de réponses positives suivies d'entretiens qui apaisent mes craintes liées à l'âge, se révélant même constituer un avantage pour certaines sociétés qui étudient mon profil. Je retrouve assurance, espoir et décide de précipiter le mouvement en adressant des candidatures spontanées à d'autres éditeurs de logiciels, tous secteurs d'activité confondus.

Comme un signe du destin qui viendrait m'encourager dans l'action entreprise de partir, l'activité commerciale Best Stores commence à battre de l'aile de manière inquiétante. Le volume des ventes plonge, entraînant une chute considérable de mes revenus. De plus, le groupe vient de référencer au catalogue un concurrent de l'encaissement avec qui nous devrons partager un chiffre d'affaires qui fait du sur-place.

Laurent se préoccupe de la situation, n'a pas de solution et compte sur moi, telle la Fée Clochette pour remonter le chiffre d'affaires. Il ne sait pas, est à mille lieues d'envisager le fait que je suis déjà mentalement partie. À mon tour d'afficher l'indifférence, le détachement, le désintérêt, et comme ça fait du bien !

Je reçois un jour un coup de téléphone d'un éditeur de logiciels point de vente, plutôt orienté vers les revendeurs. Mon expérience auprès des magasins Best Stores l'intéresse fortement. Je parle avec Michel, le gérant de Win Cash. Il m'explique son parcours de responsable commercial chez Stanley, éditeur de logiciels qu'il a quitté il y a cinq ans, pour monter sa propre affaire. À ce simple nom évoqué, un doute m'assaille. Ce serait une extraordinaire coïncidence, trop belle pour être vraie. Comme il est d'usage sur les salons, j'avais lié connaissance avec le responsable commercial de cette société. Il m'avait remis sa carte de visite pour le jour où j'aurais envie de prendre un nouveau chemin professionnel. Je veux en avoir le cœur net et lance :

— Excusez-moi Michel, juste une petite question. Vous avez participé au salon Agencement des magasins, il y a une dizaine d'années à la Porte de Versailles à Paris ?

— Attendez, laissez-moi réfléchir, ah, mais oui, bien sûr, je travaillais en tant que responsable commercial pour mon ancienne boîte, pourquoi ?

— Eh bien je suis Karine Retail Log. Nous avions discuté à cette occasion, vous m'aviez même remis votre carte de visite pour que je me rappelle à vous si je me lançais dans la recherche d'un nouveau job. Vous en souvenez-vous ?

— Et comment que je m'en souviens ! Incroyable, vous n'avez pas mentionné sur votre CV le nom de la société pour laquelle vous travaillez actuellement, j'aurais immédiatement fait le rapprochement. Comme on se retrouve ! Alors ça y est, enfin prête pour le grand saut !

— Oui, mais avec un bon parachute.

Nous prenons immédiatement rendez-vous dans ses locaux pour un soir de la semaine. Il souhaite me présenter à son associé. Tout va très vite à partir de ce moment-là. La nature de mon nouveau poste consisterait à animer commercialement un réseau de revendeurs, ce que je pratique actuellement pour Best Stores.

Ils me soumettent immédiatement une offre difficilement rejetable. Je demande un petit temps de réflexion avant de leur donner ma réponse définitive. De retour chez moi, j'entreprends de noter sur une feuille blanche les points positifs et négatifs qui m'engageraient à poursuivre mon activité chez Retail Log. J'y passe des heures, mais le verdict est sans appel : le moins l'emporte largement. Je dois partir !

Dès le lendemain, j'appelle Michel qui ne cache pas sa joie à ma confirmation d'acceptation de poste. Les évènements se précipitent et je reçois ma promesse d'embauche effective dans trois mois.

Le plus dur reste à faire : annoncer ma démission à Laurent ! Je sollicite un rendez-vous auprès de lui et lui tends ma lettre de démission.

— Laurent, je souhaitais te l'annoncer de vive voix. Je te présente ma démission. Une opportunité professionnelle s'est présentée à moi et comble parfaitement, par les perspectives qu'elle laisse entrevoir, mon envie de réalisation professionnelle. Je ne me sens plus à ma place ici, depuis un bon moment et il n'était pas envisageable de continuer comme ça. C'est juste pour moi une question d'honnêteté.

— Mais pourquoi n'as-tu jamais abordé ce problème avec moi ?

— J'ai essayé à plusieurs reprises, tu as juste refusé de l'entendre, pensant que je ne partirais jamais. Combien de fois m'as-tu avancé cette certitude à laquelle immanquablement je te répondais que rien n'était acquis, tu te souviens ?

— Et que te propose la société que tu rejoins que tu n'aies déjà ?

— Tout ! Je suis désolée de te le dire comme ça. Un poste à responsabilité, une ouverture vers un horizon professionnel plein d'avenir. Je n'oublierai jamais que tu m'as appris le métier et je tiens à te remercier pour la confiance que tu m'as accordée pendant toutes ces années, les bons moments partagés, ton soutien, mais je ne pouvais pas refuser. Je garderai un excellent souvenir de notre longue collaboration et me tiens à ton entière disposition pour former mon remplaçant.

Laurent observe un long silence. Il est soufflé par cette nouvelle, un acquis qui se détache, ça peut perturber ! Il cherche timidement à connaître le nom de l'entreprise que je m'apprête à rejoindre, j'élude la question et quitte le bureau.

De retour dans mon petit espace, tout prend une autre tournure, le durable fait place au provisoire, le compte à rebours a commencé et une page se tourne. Je suis alors assaillie par une multitude de souvenirs : mes débuts timides de commerciale découvrant le métier, ma progression, les personnes qui m'ont accompagnée un bout de chemin sur ce parcours. Je ne vis pas un départ, mais bel et bien une séparation.

L'annonce de mon départ a créé l'émoi chez mes collègues, même si certains d'entre eux parmi les plus proches se doutaient que ce mal-être grandissant au travail me conduirait à mettre fin à cette situation qui ne laissait rien présager de bon.

Les candidatures à mon remplacement ne s'avèrent pas de qualité et Laurent souhaite prendre le temps de choisir la bonne personne. Nous décidons d'établir une passation de pouvoir commerciale entre lui et moi. Je l'informe sur le suivi de l'animation du réseau Best Stores, les affaires en cours. Il est prêt à prendre le relais. Je lui restitue des dossiers comme ceux qu'il m'avait confiés lors de mon intégration dans l'entreprise, avec le sentiment d'avoir bouclé la boucle ! Je pars sans états d'âme, avec la satisfaction d'avoir organisé mon départ comme je l'entendais. Je laisserai libre cours à l'émotion, au déversement des larmes trop longtemps contenues, loin des regards, bien à l'abri, dans ma voiture qui me ramène chez moi.

J'ai une petite semaine de battement avant d'intégrer l'équipe Win Cash. Je fais la part des choses, laisse s'installer le lâcher-prise, me reconstruis et envisage avec une petite appréhension le nouveau travail qui m'attend. Serai-je à la hauteur ? Et si la réalité ne correspondait pas à mes attentes ? J'ai peur de regretter mes choix, mais ne pas répondre à mon désir de changement d'orientation professionnelle eut été pire, j'en ai la certitude. Dans ces périodes de doute, j'aime m'isoler, me retrouver seule avec moi-même, me concentrer sur ce que je laisse et ce à quoi j'aspire, je fais juste le deuil de mon passé professionnel Retail Log et me projette vers ce futur qui me tend les bras, alors que c'était inespéré !

Mon expérience, ma parfaite connaissance du cœur d'activité de la société que je rejoins me redonnent la « positive attitude » et je me prépare à tracer une nouvelle route de commerciale prometteuse. C'est dans cet état d'esprit que je pousse la porte de Win Cash ce lundi matin !

Je découvre les locaux de l'entreprise dans un autre contexte que celui du rendez-vous du premier entretien en fin de journée, la jolie décoration de l'accueil installe une ambiance où l'on se sent immédiatement bien.

Je suis reçue par Michel dans son bureau. Il m'explique comment la société fonctionne, se situe au niveau de la concurrence, me dresse une liste des tâches qui m'attendent, à commencer par la formation sur le logiciel, et se propose pour l'instant de me présenter les équipes. Je suis assaillie par ce torrent d'informations à mémoriser qui va du prénom des nouveaux collègues au programme très chargé prévu pour mon intégration à l'entreprise dans les meilleures conditions. Michel me conduit ensuite à mon bureau, un bel espace avec une baie vitrée donnant vue sur une petite cour intérieure arborée. Bienvenue chez moi !

Les semaines passent à une allure vertigineuse. Je commence à prendre mes marques, trouve ma place et noue une relation chaleureuse avec les collègues. Au bout d'un mois, je me gère en autonomie, maîtrise parfaitement le logiciel et peux commencer à effectuer mes premières démonstrations.

Mon travail consiste à implanter nos produits à destination des commerçants de détail chez les revendeurs informatiques formés au logiciel. C'est-à-dire les encourager, les motiver et établir avec eux une stratégie commerciale pour faire décoller les ventes. Si cette activité évoque celle précédemment menée auprès de Best Stores, elle diffère radicalement dans sa mise en application.

En effet, j'ai affaire à des chefs d'entreprise qui n'entendent pas se laisser conter la manière de vendre nos produits. Ils les exposent en magasins et pour eux, c'est déjà bien ! Or, comme l'expérience Best Stores me l'a démontré, le logiciel point de vente ne se vendra pas sans l'implication du revendeur, et le message a dû mal passer.

Je passe des journées entières enfermée au bureau à tenter de leur faire entendre raison, sans grand succès, et mes prospections terrain, mes relations avec les commerçants me manquent terriblement. La routine s'installe et entraîne très vite une lassitude à accomplir mon travail au quotidien. J'exécute mes tâches mécaniquement, j'ai perdu mon esprit d'initiative et je m'étiole entre les quatre murs d'un bureau, figée dans un immobilisme qui ne me ressemble pas.

Pour parfaire le tableau de mon désarroi, Michel et Jean-Luc sont associés et ne partagent pas les mêmes idées sur la stratégie commerciale à adopter. Je commence à en subir les effets dévastateurs quand l'un me donne des consignes à observer dans ma technique de vente et que l'autre vient les contrarier aussitôt après. C'est intenable ! Immobilisme et girouette ne font pas bon ménage et par chance, d'un commun accord, nous mettons fin à la période d'essai.

Cette expérience m'a permis au moins de comprendre que mon métier de commerciale s'exerce sur le terrain, en parfaite autonomie, loin du confinement d'un bureau. Commerciale sédentaire, très peu pour moi !

Pour comble, le marché du logiciel point de vente est en perte de vitesse, supplanté par l'émergence des applications où un simple téléchargement sur smartphone ou tablette suffit pour faire démarrer l'encaissement. Les applications étant acquises gratuitement, ou pour un tout petit loyer mensuel, les commerçants ont vite fait de délaisser la lourdeur d'installation d'un logiciel, avec tout le matériel d'accompagnement et le prix qu'ils jugent indécent. Je prends le temps de la réflexion pour déterminer le secteur d'activité qui me permettrait de mettre à profit mon expérience terrain pour un autre produit.

Je compte bon nombre d'opticiens dans mon entourage qui, de tout temps, me conseillaient de m'orienter vers cette activité où ma part de valeur ajoutée au produit prendrait toute son importance. Je pourrais m'impliquer, conseiller et surtout visiter les magasins. L'idée fait son chemin, l'univers paramédical de l'optique m'attire, car il réunit tous les critères de réussite et s'avère florissant.

Aussitôt, je me livre à des visites effrénées sur tous les sites de créateurs de lunettes. Je m'imprègne d'une nouvelle activité, de termes techniques, visualise le nombre d'opticiens potentiels sur mon territoire et c'est édifiant. Je postule à toutes les offres d'emploi que je peux trouver sur la plateforme communautaire de la profession.

Un problème de taille se dresse néanmoins devant moi, les employeurs exigent une expérience commerciale dans l'activité, alors que je découvre le métier.

Le site de recherche d'emploi regorge d'annonces pour des postes de commercial, mais une marque parmi toutes les autres attire mon attention. Lifestyle se distingue des autres créateurs, par des collections de lunettes stylées, en bonne place dans la vitrine de mon opticien de quartier. Je décide de me démarquer des réponses qu'ils vont recevoir en masse par l'intermédiaire du site, en leur envoyant directement ma candidature spontanée sur leur adresse électronique. Trois jours plus tard, la secrétaire de la société Lifestyle me fixe rendez-vous au siège.

Je me retrouve ainsi au cœur d'un entrepôt gigantesque implanté aux portes de Paris. Les locaux sont vastes, spacieux, lumineux, séparés par des cloisons vitrées. La décoration colle à l'image de la marque et donne un cachet original à la vision d'ensemble.

Yanis, le fondateur de la marque, vient à ma rencontre pour m'accueillir et me demande de le suivre au showroom. Un baby-foot imposant trône au beau milieu de la pièce, des affiches sont accrochées au mur avec toutes les célébrités tendance du moment arborant les lunettes Lifestyle. Les présentoirs à lunettes empreints de la touche créateur de la marque donnent un caractère authentique, original au lieu. Je crains un moment que ce décalage générationnel, du fait du jeune âge des équipes, bloque l'examen de ma candidature, puis me reviennent en mémoire les nombreuses études prônant le bienfait des équipes transgénérationnelles en entreprise liées à la complémentarité des compétences. Je retrouve aussitôt confiance en moi.

Yanis m'invite à m'asseoir dans un des fauteuils de couleur disposés autour d'une petite table de présentation dans l'attente de Stéphane, son collaborateur. Celui-ci nous rejoint très vite et s'ensuit un entretien dynamique sur l'histoire de la marque, son positionnement sur le marché de la concurrence, ses perspectives d'évolution, ses objectifs.

Nous rentrons vite dans le cœur du sujet. Je leur parle de mon parcours commercial, ma façon atypique d'aborder les prospections, mes initiatives qui ont mené à de beaux résultats, évitant pour l'instant d'aborder mon inexpérience dans le secteur d'activité de l'optique. Inévitablement, le sujet finit par être abordé. J'évoque dans ma réponse une reconversion professionnelle et mentionne le fait que le commercial ne vend pas un produit, mais met plutôt son pouvoir de conviction au service de la marque qu'il représente… il est là son vrai métier!

Une bonne ambiance s'installe dans nos échanges. Ils m'indiquent apprécier tout particulièrement ma franchise, ma spontanéité et, tout naturellement, le tutoiement s'impose dans la poursuite de nos échanges. Les voyants « confiance en moi » sont au vert et je leur exprime toute ma motivation à représenter la collection pour l'implanter chez tous les opticiens de mon secteur.

Leur sourire scelle déjà la collaboration qui s'annonce. Pour preuve, Stéphane s'absente un instant pour me présenter mon assistante commerciale : la marmotte. Il ne s'agit en aucune façon du petit rongeur des montagnes, mais d'un bagage à roulettes, à l'allure de valise, qui permet le transport des plateaux de présentation de lunettes.

Yanis met fin à l'entretien en m'invitant à le suivre pour une visite des locaux qui se termine au service administratif où toute l'équipe sur place félicite la nouvelle représentante Lifestyle Île-de-France. J'ai l'impression de les avoir toujours connus alors que nous venons de nous rencontrer pour la première fois. Cette étrange sensation s'apparente presque à un phénomène surnaturel que j'interprète comme un signe de bon augure et il me plaît de l'envisager comme tel !

La semaine qui suit mon intégration chez Lifestyle s'organise autour des formations au logiciel de commandes, de la découverte dans le détail de la collection, des conditions de vente. Je maîtrise enfin le produit et la procédure de vente.

J'entame la première prospection téléphonique et tout revient, l'accroche du client, la fluidité du discours et les premiers rendez-vous, les bons de commande, comme une pause momentanée dans mon métier d'avant qui se relance tout naturellement.

Le grand rendez-vous du salon professionnel de l'optique arrive à grands pas. Là encore, je suis en pays de connaissance, les clients, la présentation de la collection, les visites de courtoisie aux concurrents, le ralliement aux équipes de vente composées par les commerciaux de tous les secteurs de France, je contribue à la réussite de cet évènement et j'en suis fière.

Un an déjà que j'ai rejoint l'équipe Lifestyle avec des résultats à hauteur de toutes les espérances. J'ai gagné ma liberté d'agir, de penser, de parler et pousse le curseur de la confiance en moi au plus haut. Je retrouve l'audace, la motivation, l'envie, la passion qui me rendent performante, efficace. Je découvre enfin que bonheur et travail peuvent parfaitement être compatibles.

Il m'arrive encore de m'étonner du chemin parcouru, j'ai réussi ma reconversion professionnelle à un âge où d'autres établissent un plan retraite anticipée. Il suffisait de le vouloir très fort !

18.

Ma différence

On n'est pas commercial, on naît commercial, vous la percevez la nuance ? Ce métier ne s'apprend pas, car il s'articule autour de sentiments, de ressentis, d'inspiration, que des valeurs abstraites !

Les directeurs de ressources humaines vous le confirmeront : le diplôme ne fait rien à l'affaire en ce domaine. Chacun sa technique, sa manière de procéder, pour atteindre le but commun à tout commercial qui se respecte : l'objectif chiffre d'affaires.

Un commercial ne vend pas, il use de toutes ses techniques d'influence, de conviction, pour entraîner son interlocuteur dans l'acte d'achat. Tout en finesse, en subtilité, il développe son propre savoir-faire, unique. Il peut transmettre une forme d'expérience, mais jamais sa part de valeur ajoutée, sa différence, son identité. La meilleure façon de former un commercial est bien celle de le laisser agir : il réussira ou échouera, la loi du terrain est sans appel.

J'ai la conviction que le talent commercial relève de l'inné. J'ai appris un métier au contact de mes clients, en développant avec eux les mêmes relations que celles mises en place avec mon entourage privé. Aucune différence, la sincérité et la franchise paient toujours. Je livre un discours sur mesure à mes interlocuteurs que j'essaie d'adapter le plus possible à leur part de psychologie apparente, alors que d'autres la forcent à la voiture bélier. Ces commerciaux de petite envergure sont repérés de loin et ne font pas long feu dans le métier.

Commerciale atypique, cette étiquette me colle à la peau, j'ai fini par l'accepter et en faire ma marque de fabrique, je suis comme je suis, et c'est très bien ainsi. Je ne prétends pas détenir la potion magique qui donne des pouvoirs surnaturels aux commerciaux, mais j'ai pu déterminer une partie représentative des qualités que j'ai façonnées, comme un orfèvre au contact de ceux qui m'ont tout appris : mes clients.

L'empathie

Je pense à la personne avant de penser au client. Je m'intéresse à lui, j'apprends à mieux le connaître au fil de la conversation d'approche. Je m'inspire de son ressenti, partage avec lui ses émotions pour mieux découvrir les traits de sa personnalité. J'ai cette capacité d'écoute, je ne joue pas un rôle, je suis juste moi-même, vraie, franche, sincère, avec cette part d'impulsivité, de spontanéité qui finit par toucher le client. Je m'empare de sa problématique pour la faire mienne et crée un lien privilégié avec lui. Il s'attache à moi, juste par la nature de cet échange. Il me fait confiance et s'en remet à moi, pour l'aider à prendre la bonne décision. Le client achète le commercial bien plus que le produit qu'il représente, tout simplement parce que nous sommes sur la même longueur d'onde.

L'honnêteté

J'use de mon pouvoir de persuasion, uniquement quand j'ai la conviction que mon produit amènera entière satisfaction au client. Je n'argumente pas alors en vue d'un objectif de commissionnement sur la vente effectuée, mais bel et bien pour apporter une réponse pertinente à ses questionnements. Cette vision des éléments revêt un caractère plus noble et gomme l'aspect purement commercial de la relation. Je reste fidèle à ce principe dans les engagements que je peux prendre. Je dis ce que je fais et fais ce que je dis, immuablement. La perspective de la signature d'un bon de commande doit sceller ce pacte moral.

L'art de la persuasion

Le client est le seul décideur. Je déploie tout le panel des qualités liées à la vente en ne perdant jamais de vue que la frontière est mince entre la persuasion et le harcèlement. Je joue d'assurance dans mon attitude d'approche et me saisis de sa problématique pour lui apporter ma solution, la seule qui vaille. J'en suis convaincue et je finis par l'en persuader : il n'a d'autre choix que me suivre dans l'acte de vente. Il n'achète pas le produit, mais bel et bien la confiance que je lui ai inspirée. Je le sens le poids de cette responsabilité, et je sais m'en montrer digne.

La relation humaine

Le client craint autant qu'il espère la venue d'un commercial. Il redoute de se voir forcer la main et nous accueille en état de stress, de tension, prêt à réagir à tout instant. La relation ne s'engage pas franchement sous les meilleurs auspices tant le client s'est conditionné à envoyer de signaux négatifs.

Je joue la déstabilisation, en amorçant un entretien léger, dénué de toute intention de vente. J'oriente le sens de ma visite sur la présentation d'un produit qui pourrait apporter solution efficace et rentable dans la gestion de sa boutique au quotidien. Je suis là pour lui délivrer une information. Les barrières de résistance tombent, le client ne se tient plus sur la défensive, et revient à un échange plus convivial débarrassé de toute appréhension. Je peux alors exercer mon métier de commerciale.

La force de caractère

Une négociation commerciale implique une parité dans les échanges. Je me rends alors indépendante de toute action de vente et j'établis avec le client une relation partenaire.

Il perçoit très vite qu'il ne pourra actionner le levier du bon de commande dans l'échange commercial. Nous sommes ainsi réunis en parfaite collaboration active pour avancer ensemble dans le projet. La discussion peut s'engager de manière franche et directe, jusqu'à trouver le point d'accord propice à la signature du bon de commande. Le bon déroulé d'une négociation tient dans la maîtrise de son tempérament, imposer et concéder à la fois.

Patience et persévérance

De nature impatiente, j'ai longtemps travaillé la qualité de ce défaut pour la mettre au service de mon activité commerciale. La notion du temps est perçue de manière différente par le client et le commercial : l'un veut attendre quand l'autre veut précipiter. Le rythme de la négociation est fixé par le client, lui-même en proie à ses propres hésitations, qui finissent par l'enliser et nous amener à un point de blocage.

Ma technique de rattrapage dans ce type de situation est très simple, je ne fais rien. J'attends dans le temps, comme j'aime à dire. La tactique du yo-yo, qui consiste à approcher le client puis à le délaisser jusqu'à maturation du projet a fait ses preuves et finit souvent par nous rassembler autour du bon de commande.

J'ai puisé dans les facettes de ma personnalité celles qui détermineraient mes propres qualités commerciales, un peu comme les couleurs primaires d'une palette de peintre déclinable à l'infini, que j'aurais mélangées pour obtenir la nuance unique, atypique.

Un commercial sommeille dans chacun d'entre vous, il s'exprime dans vos tentatives de persuasion à l'égard d'un entourage réticent, dans votre manière d'argumenter, de convaincre, de concéder, de rassurer. Tout comme Monsieur Jourdain qui faisait de la prose sans le savoir, vous pratiquez le langage du vendeur, sans en avoir l'air.

19.

Carpe Diem

À l'heure où s'achève ce récit tumultueux d'une commerciale pas comme les autres, je prends le temps de me poser et de jeter un regard attendri sur ce parcours professionnel toujours empreint d'affect et d'émotions. J'ai essayé de marcher dans mes propres pas pour vous livrer une part de moi authentique, vraie, celle que je suis indifféremment dans la vie ou dans l'exercice de ma profession.

J'ai compris très vite ce dont j'avais besoin pour continuer à avancer sereinement, regarder loin devant jusqu'à la ligne d'horizon, mais aussi pouvoir me retourner, mesurer le chemin parcouru pour ne jamais oublier d'où je viens.

Ma personnalité a façonné le profil de la commerciale que je suis. J'ai mis ma nature profonde au service d'un métier que je n'ai pas appris, mais qui s'est imposé à moi comme une évidence, que je vis, bien plus que je n'exerce.

Je poursuis ainsi ma vie de représentante, avec son flot d'anecdotes de rencontres, mais plus tout à fait comme avant. La maturité de l'âge me permet aujourd'hui de relativiser, de temporiser, d'accorder la juste valeur aux évènements du quotidien, et d'une manière générale de profiter de la vie telle qu'elle se présente, sans contrainte ni retenue. Carpe Diem !

Remerciements

Merci à tous mes collègues, les anciens, les nouveaux, qui m'ont soutenue, entourée, avec qui j'ai tant partagé et qui, pour la plupart, font partie de ma « famille-boulot ».

Merci à mes lectrices des chroniques improvisées sur Facebook qui m'ont encouragée à enfin prendre la plume pour raconter mes aventures de commerciale atypique.

Merci à mes clients pour cette source d'inspiration inépuisable.

Merci à Candice, ma relectrice, pour son travail et ses remarques toujours pertinentes.

Merci à Frédéric pour ses conseils avisés, qui m'a si bien aidée à exprimer mon ressenti.

Et enfin merci à vous pour avoir bien voulu me prêter un peu de votre temps.

Table des matières

Achevé d'imprimer en juin 2021
sur les presses de la Nouvelle Imprimerie Laballery
58500 Clamecy
Dépôt légal : juin 2021
Numéro d'impression : 105530

Imprimé en France

La Nouvelle Imprimerie Laballery est titulaire de la marque Imprim'Vert®